Victor Bayer

Die Historia Friderici III. imperatoris des Enea Silvio de

Piccolomini

Victor Bayer

Die Historia Friderici III. imperatoris des Enea Silvio de Piccolomini

ISBN/EAN: 9783744610278

Hergestellt in Europa, USA, Kanada, Australien, Japan

Cover: Foto ©ninafisch / pixelio.de

Weitere Bücher finden Sie auf **www.hansebooks.com**

PRAG 1872.

VERLAG VON F. TEMPSKY.

DRUCK VON HEINR. MERCY IN PRAG,

Einleitung.

Wenn es auf den folgenden Blättern versucht werden soll, die historia Friderici III Imperatoris des Enea Silvio de' Piccolomini einer näheren Betrachtung zu unterziehen, so gaben, abgesehen von dem hohen Interesse, welches alle historischen Werke des berühmten Italieners und späteren Papstes und unter ihnen wieder als eines der hervorragendsten und reichhaltigsten die historia Friderici für sich in Anspruch nehmen, zwei Momente den Ausschlag.

Einmal und vor Allem ist es noch gar nicht in hinreichender und befriedigender Weise versucht worden, das Werk als Ganzes zum Gegenstand einer Untersuchung zu machen, sei es um eine allgemeine Charakteristik von demselben zu entwerfen, sei es um den Wert desselben als historische Quelle kritisch festzustellen. Boeclers adnotationes in historiam Aeneae Sylvii Austriacam [1]), deren Wert gewiss niemand unterschätzen wird, entsprechen den Anforderungen der modernen Wissenschaft nicht mehr. Voigt, der in seiner Monographie über Pius II [2]) ein Capitel den geschichtlichen Werken des Enea Silvio widmet, bespricht in demselben auch die historia Friderici [3]) nach ihrer Entstehung, Form und Zusammen-

---

[1]) Bei Kulpisius: Aeneae Silvii Episcopi Senensis postea Pii Papae II historia rerum Friderici III imperatoris etc. Argentorati 1685 p. 121 ff. und bei Kollar: Analecta Monumentorum omnis aevi Vindobonensia Tom. II p. 477 ff.

[2]) G. Voigt: Enea Silvio de' Piccolomini als Papst Pius der Zweite und sein Zeitalter. Bd. II cap. II p. 320 ff.

[3]) a. a. O. p. 325 ff.

1

setzung, nach ihren Quellen und ihrem historischen Wert, allein damit wollte er nur eine kurz orientirende Skizze und keine irgendwie erschöpfende Untersuchung liefern.

Einzelne Teile der historia Friderici haben allerdings eine etwas eingehendere kritische Würdigung erfahren. So gibt Chmel in seinen habsburgischen Excursen IV, VI Abtheilung 1 und 2 und VII ') kritische Bemerkungen über einzelne Partien unseres Werkes. Gengler: Ueber Aeneas Sylvius in seiner Bedeutung für die deutsche Rechtsgeschichte, Erlangen 1860, betrachtet Enea und seine Werke vom cultur- und rechtshistorischen Standpuncte aus und unterzieht dabei auch die dahin gehörigen Stellen der historia Friderici einer kritischen Betrachtung. Otto Franklin: Albrecht Achilles und die Nürnberger 1449—1453, Berlin 1866, prüft p. 31 ff. die Nachrichten, welche Enea in seiner historia Friderici über die Hoftage zu Wien und Wiener-Neustadt bringt. Riedel in seiner Abhandlung: Aeneas Sylvius als Quelle für Albrecht Achill ²) untersucht des Enea Angaben über den brandenburgischen Fürsten und berührt dabei auch die Berichte, die sich hierüber in unserem Werke finden. Palacky endlich in seiner Schrift: Zeugenverhör über den Tod König Ladislaws von Ungarn und Böhmen im Jahre 1457, Prag 1856 (aus den Abhandlungen der kgl. böhm. Gesellschaft der Wiss. V. Folge 9. Bd.) gibt p. 47—53 eine kritische Prüfung des in der historia Friderici enthaltenen Berichtes über den Tod des jungen Königs in Prag. Aber immer sind es nur einzelne Abschnitte des Werkes, welche in diesen Abhandlungen kritisch beleuchtet werden. Für eine Untersuchung derselben in ihrer Gesammtheit bleibt noch genug zu tun übrig.

Das zweite massgebende Moment war, dass das Urteil über den historischen Wert der historia Friderici noch immer ein zwischen zwei Extremen hin- und herschwankendes, keineswegs klar und bestimmt fixirtes ist. Während Kurz: Oesterreich unter Friedrich IV,

n den Sitzungsberichten der Wiener Akademie philos.-histor. Classe Bd. 9
. 254 ff. Bd. 18 p. 63 ff. Bd. 25 p. 163 ff. und Bd. 28 p. 473 ff
den Monatsberichten der Berliner Akademie 1867.

Lichnowsky: Geschichte des Hauses Habsburg und Chmel: Geschichte Kaiser Friedrichs IV [1]) bei ihren Darstellungen dem Enea
fast unbedingten Glauben schenken, lässt ihn Pückert: die kurfürst-
liche Neutralität während des Basler Concils, Leipzig 1858 neben den
ihm zu Gebote stehenden handschriftlichen Actenstücken vollständig
unberücksichtigt [2]) und hebt an einer Stelle [3]) als Motiv ausdrücklich
„die Ungenauigkeit, Schiefheit und Lügen seiner Erzählung" hervor. Am vorsichtigsten geht jedenfalls Voigt mit seinem Urteil
über die historia Friderici zu Werke, jedoch wie schon oben erwähnt, lässt er sich nicht näher darauf ein und wo er sie in seiner
Monographie über Pius II zur Darstellung verwendet, scheint er
doch wieder in seinem Vertrauen vielfach zu weit zu gehen. Also
von dieser Seite bleibt ein sicheres Urteil noch zu gewinnen.

Mag daher der Versuch einer eingehenderen Untersuchung
unseres Werkes gerechtfertigt erscheinen, so bleibt mir an diesem
Orte noch übrig, über den bei derselben einzuhaltenden Plan zu
sagen, dass in einem ersten Teil nach einer Uebersicht über das
Leben und die Persönlichkeit des Enea eine Charakteristik des
Werkes gegeben und in einem zweiten Teil der historische Wert
der Nachrichten über jene Ereignisse kritisch geprüft werden soll,
welche unmittelbar zur Geschichte Kaiser Friedrichs III gehören.
Ausgeschieden wird daher hiebei vor Allem der einleitende Teil
der historia Friderici [4]), welcher die Topographie und älteste Geschichte Oesterreichs sowie einen ausführlichen Excurs über die
Staufer enthält und ebenso der Schluss derselben [5]), wo Kaiser
Friedrich III vollständig in den Hintergrund tritt und Enea uns
nur die Geschichte des Königs Ladislaus Posthumus und seiner
Erblande Oesterreich, Ungarn und Böhmen gibt bis zu dessen früh-

---

[1]) Chmel lässt zwar hin und wieder Zweifel gegen die Glaubwürdigkeit Eneas
aufkommen, verfährt aber im grossen Ganzen in diesem seinem Werke unkritisch mit der historia Friderici. Erst in seinen später nachfolgenden
habsburgischen Excursen legt er einen viel vorsichtigeren Massstab an.
[2]) Pückert: a. a. O. Vorwort p. VI.
[3]) a. a. O. p. 276 Anmerkung 2.
[4]) Kollar: a. a. O. p. 6 — p. 112.
[5]) Kollar p. 446 ff.

zeitigem Tode in Prag und dann noch die Erhebung des Georg von Poděbrad und des Mathias Corvinus zu Königen von Böhmen und Ungarn beifügt. Was abgesehen von diesen Partien des Werkes bei der kritischen Betrachtung keine Berücksichtigung findet, wird bei der Einzeluntersuchung an den betreffenden Stellen bemerkt werden.

Ich folge bei meiner ganzen Untersuchung nicht der editio princeps von Böcler-Kulpisius: Aeneae Silvii Episcopi Senensis postea Pii Papae II historia rerum Friderici III imperatoris etc. Argentorati 1685. Dieselbe hat zwar den Vorzug, dass sie eine bestimmte Redaction unseres Werkes rein und wenn auch nicht ganz, so doch annähernd vollständig enthält, jedoch fehlen ihr ausser dem Schluss der von ihr veröffentlichten Redaction der historia Friderici, noch einige in einer anderen Redaction derselben erscheinende Teile des Werkes, welche ich von der kritischen Prüfung ihres Wertes als historische Quelle nicht ausschliessen wollte. Dieselben sind in der Ausgabe Kollars [1]: Analecta Monumentorum omnis aevi Vindobonensia Tom. II p. 1. ff. Vindobonae 1762 erhalten und daher entschloss ich mich, diese zu Grunde zu legen, wenngleich Kollar die grössere Vollständigkeit seines Textes zum Teil auf dem Wege einer wenig kritischen Methode erreicht hat. Ueberhaupt sind mir die grossen Mängel der Ausgabe Kollars nicht verborgen geblieben und soll darüber weiter unten eingehender gesprochen werden.

Hier sei nur noch erwähnt, dass uns Kollar über den Stand der Handschriften der historia Friderici in höchst ungenügender Weise unterrichtet. Durch Einsicht einer grösseren Anzahl von Handschriften hoffe ich jedoch mehr Klarheit über dieselben und über die damit zusammenhängenden Fragen verschaffen zu können, wovon an anderer Stelle gehandelt werden wird. Vorläufig beschränke ich mich darauf, eine kurze Angabe der von mir durch-

---

[1] Die dazwischenliegende Ausgabe: Aeneae Sylvii Episcopi Senensis postea Pii Papae II historia rerum Friderici III Imperatoris. Helmstadii impens. Joh. Sustermanni 1700, kommt gar nicht in Betracht, sie ist bloss ein Abdruck der editio princeps.

gesehenen und mir sonst noch bekannten Handschriften unseres
Werkes beizufügen.

Vor Allem war es mir möglich, die Handschriften der k. k.
Hofbibliothek zu Wien zu benützen ¹). Dieselbe besitzt vier Auto-
grapha der historia Friderici : die Codices M. S. Nr. 3364 (hist.
prof. 317), Nr. 3365 (hist. prof. 318), Nr. 3366 (hist. prof. 319) und
Nr. 3367 (hist. prof. 320) ²), ferner vier Abschriften, darunter drei
aus dem XVI. Jahrhundert: die Codices M. S. Nr. 3362 (Rec. 2257),
Nr. 3399 (Rec. 1548) und Nr. 8003 (hist. prof. 321) eines gewissen
Bernhardus a Frideshaim von 1592 und eine im Auftrage des
Lambecius verfertigte aus dem XVII. Jahrhundert: Cod. M. S.
Nr. 9020. Ferner habe ich die im k. k. Staatsarchive zu Wien
befindlichen Abschriften die Codices M. S. Nr. 109, Nr. 785 und
Nr. 73, von denen die beiden ersten aus dem XV. die letztere aus
dem XVIII. Jahrhundert stammen und endlich die Abschriften Codex
M. S. Nr. 1064 der Klosterneuburger Bibliothek aus dem XV Jahr-
hundert und Codex M. S. 3 E 1 des kgl. böhm. Museums zu Prag
aus dem XVI. Jahrhundert einer Durchsicht unterworfen.

Ausserdem kennen wir noch aus Böclers adnotationes ³) und
der editio princeps einen Breisacher Codex des XV. Jahrhunderts.
Es ist jenes Exemplar der historia Friderici, welches Johann Hinderbach, Bischof von Trient⁴), noch bei Lebzeiten des Kaisers
Friedrich III dem jungen Maximilian mit einer poetischen Widmung

•

---

¹) Man vergleiche hierüber Chmel: die Handschriften der k k Hofbibliothek
in Wien Bd. 1 p. 541 ff. und Bd 2 p. 21 ff. Wien 1840 und 1841 und
Tabulae codicum manu scriptorum Vol. II p. 268 u. p 277 Vindobon. 1868
und Vol. V p. 199 Vindobon. 1871.

²) Dass diese vier Codices Autographa sind, zeigt deutlich ein Vergleich mit
dem von Peter Kandler in dessen Schrift: Pel fausto ingresso di Monsi-
gnore Ill. e Rev. D. Bartolomeo Legat Vescovo di Trieste e Capodistria —
nella sua Chiesa di Trieste, Trieste 1847 herausgegebenen Facsimile eines
von der Hand des Enea geschriebenen Briefes.

³) Kulpisius a. a. O. p. 122 und 123 und Kollar p. 481 u. 482.

⁴) Johann Hinderbach war Bischof von Trient vom 31. Aug. 1465 bis 21 Sept.
1486; während dieser Zeit muss also der sogenannte Breisacner Codex geschrieben sein.

dedicirt und übergeben hat. In seinem Briefe an Lambecius [1]) erwähnt ferner Böcler noch 2 Codices, die er in der Bibliothek der Königin Christine von Schweden gesehen, alterum negligenter, alterum non sine lacunis scriptum, wie er sie bezeichnet. Ob und wo diese drei Handschriften noch vorhanden sind, ist mir nicht bekannt. [2]) Was andere Handschriften betrifft, so verweise ich auf Pertz: Archiv Bd. 1 p. 470, Bd. 4 p. 533, Bd. 5 p. 471, Bd. 7 p. 65, p. 67 und p. 121, Bd. 8 p. 640 und Bd. 12 p. 240, wo noch eine ganze Anzahl verzeichnet ist. Da ich nicht Gelegenheit gehabt habe, auch diese Handschriften einzusehen, so begnüge ich mich damit, hier auf die Existenz derselben hinzuweisen.

Unter allen Umständen sind diejenigen Handschriften, deren Durchsicht mir möglich geworden ist, von der allergrössten Wichtigkeit, und werden wir unten sehen, über wie viele Puncte sie uns erwünschte Aufklärung zu bringen im Stande sind.

Endlich sei es mir an dieser Stelle noch gestattet, den Vorständen der k. k. Hofbibliothek und des k. k. Staatsarchives zu Wien, sowie der Bibliothek zu Klosterneuburg, ferner allen denjenigen Herren, welche mir durch Mitteilung von Material behilflich gewesen sind, meinen aufrichtigsten Dank auszusprechen, vor Allem aber Herrn Professor Waitz, meinem hochverehrten Lehrer, der auch dieser Arbeit seine Fürsorge in reichem Masse zu Teil werden liess.

---

[1]) Bei Kollar in der epistola ad lectorem abgedruckt.
[2]) Bemerkt sei, dass das Verzeichniss der Bibliothek der Königin Christine von Schweden in Rom bei Pertz: Archiv Bd. 12 p. 266 ff. die beiden letzteren Handschriften nicht enthält.

Erster Teil.

I. Capitel.

Lebensschicksale und Charakteristik des Enea Silvio de' Piccolomini.

Die Lebensschicksale des Enea Silvio de' Piccolomini, seine Stellung am Hofe Kaiser Friedrichs III und die zu seinem Herrn, endlich seine Persönlichkeit überhaupt hier einer näheren Betrachtung zu unterziehen, darf bei der vortrefflichen Biographie, welche uns Voigt von ihm gegeben hat, überflüssig erscheinen. Nur folgende, für das Verständniss unseres Werkes notwendige Momente seien in Kürze hervorgehoben. [1])

Italiener von Geburt — er kam am 18. October 1405 in Corsignano [2]) im Gebiete von Siena zur Welt — und aus einem alten aber verarmten sanesischen Adelsgeschlechte stammend, verlebte Enea seine früheste Jugend in Dürftigkeit und Not. Später wurde ihm jedoch zuerst an der Hochschule zu Siena unter weniger günstigen Verhältnissen, dann in viel höherem Masse in Florenz unter Francesco Filelfo und auf Reisen in Oberitalien eine überaus reiche und vielseitige Bildung zu Teil, welche vollständig der humanistischen Richtung der Zeit entsprach. Nachdem er

---

[1]) Ich folge bei dieser Skizze Voigt Pius II Bd. I und Bd. II Cap. 1. 2 und 3.

[2]) Der Ort erhielt später durch den Papst Pius II den Namen Pienza.

sich schliesslich in Siena noch juristischen Studien hingegeben hatte, kam er mit Domenico da Capranica, Bischof von Fermo, zu dessen Secretär er erhoben wurde, im Frühjahre 1432 nach Basel. Das Concil, welches am 14. December 1431 seine erste feierliche Sitzung gehalten hatte, war gerade damals im höchsten Aufschwung begriffen, seine Tätigkeit berechtigte zu den stolzesten Hoffnungen. Unterstützt von den weltlichen Mächten, vor Allem von Kaiser Sigismund, hatte es bald darauf seinen Höhepunct erreicht, als Papst Eugen IV der Macht der Kirchenversammlung nachgebend durch die Bulle vom 15. December 1433 mit Widerrufung seiner vorangegangenen Bullen das Concil bestätigte. Auch die Frequenz der Versammlung war damals auf's Höchste gestiegen.

Enea hatte sich durch das Verhältniss zu seinem Herrn, der in Folge der Verweigerung des Cardinalates durch Eugen IV nach Basel geeilt war, um dort den roten Hut zu erlangen, allerdings sofort mit den Ideen der kirchlichen Opposition auf vertrauten Fuss gestellt. Indessen hat er sich denselben in der ersten Zeit seines Basler Aufenthaltes nie vollständig hingegeben, sondern immer Fühlung mit der eugenianischen Partei behalten. Nachdem er Capranica hatte verlassen müssen, trat er in die Dienste verschiedener Prälaten, und machte 1435 grössere Reisen nach Italien und Savoyen, nach Frankreich zum Congress zu Arras und nach Schottland. Erst nach seiner Rückkehr, wo er in den Dienst des Concils trat und einige Gesandtschaften für dasselbe unternahm, wo zugleich der Gegensatz zwischen Basel und Rom ein immer schrofferer wurde, hiess es auch für Enea sich für eine Partei entscheiden, und mit allem Feuer eines Italieners und mit leidenschaftlicher Hingebung wurde er nun Anhänger des Concils und seiner Bestrebungen. — 1438 kam er dann zum ersten Male nach Oesterreich und Wien. 1439 wurde er clericus ceremoniarum [1])

---

[1]) Enea erlangte dadurch eine Aufsicht über die äussere Ordnung des Conclave und hatte die Verpflichtung, nach geschehener Wahl das Instrument darüber auszustellen. Man hatte sogar daran gedacht, ihn mit unter die Reihe der Papstwähler zu bringen. Er selbst lehnte diess aber ab. cf. Voigt: Pius II Bd. I p. 173.

bei dem Conclave, aus welchem Amadeo von Savoyen als Gegen-
papst hervorgieng, war Mitglied der Gesandtschaft an denselben
nach Ripaille und wurde von Amadeo, nachdem dieser als
Felix V die Papstwahl angenommen hatte, zu dessen Secretär
ernannt. Von dieser Zeit an wurde Eneas politische Ueberzeugung
wieder eine schwankende. Obwol äusserlich seinem Herrn und
dessen Politik vollständig zugetan, war er es innerlich niemals.
Er war klug genug einzusehen, wie wenig Rückhalt der neue
Papst haben könne, und wie sehr vor Allem das Concil durch die
Schöpfung eines neuen Papsttumes seinem Ansehen geschadet hatte.

Mit Freuden ergriff Enea daher eine Gelegenheit, um aus
seiner ihn wenig befriedigenden Lage herauszukommen. Diese bot
sich ihm, als er 1442 mit den Gesandten des Concils am Reichstage in Frankfurt weilte. Hier wurde er mit dem Bischof Sylvester
von Chiemsee und dem Erzbischof von Trier, Jakob von Sirk,
bekannt, wurde von ihnen dem König Friedrich IV empfohlen,
von diesem am 27. Juli zum Dichter gekrönt und ihm eine Stelle
in der Reichskanzlei angeboten. Nachdem er sein Verhältniss zu
Felix V gelöst, nahm er das Anerbieten des Königs an, und als
dieser bei seiner Krönungsreise durch Deutschland am 11. No-
vember 1442 Basel passirte, folgte er ihm nach Oesterreich. Hier
am Hofe König Friedrichs IV und in dessen Reichskanzlei, wo
sich Enea von nun an zu bewegen hatte, herrschten zwei Parteien:
eine Adelspartei, an deren Spitze Johann Ungnad und neben ihm
Johann Neiperg und Walter Zebinger standen, und eine Partei
geistlicher und gelehrter Männer, wie der Bischöfe Nicodemus
von Freising, Sylvester von Chiemsee, Leonhard von Passau, Peter
von Augsburg und der Juristen Ulrich Riderer, Ulrich Sonnen-
berg und Hartung von Cappel, deren Haupt wiederum der altbe-
währte Kanzler Caspar Schlick war, jener gewandte Diplomat,
der jetzt schon unter dem dritten Herrscher diente. Ihm schloss
sich Enea vollständig an, und durch ihn kam er immer mehr in
die Gunst König Friedrichs.

Waren so in seinem äusseren Leben grosse Veränderungen
eingetreten, so nicht weniger in seinem inneren. Obwol schon in
den letzten Zeiten seines Basler Aufenthaltes für die Richtung und
die Bestrebungen des Concils wenig mehr eingenommen, wurde

doch jetzt erst seine innere Wandlung vollzogen. Jetzt erst am Hofe König Friedrichs IV wurde Enea immer weiter auf die Bahnen jener Reaction getrieben, welche die beiden Häupter der Erde, König und Papst, gegen die reformatorischen Ideen ihrer Zeit in's Werk setzten. Aus dem Revolutionär der Basler Periode wurde Enea jetzt Reactionär mit derselben, ja mit noch grösserer Energie und Leidenschaft. Vom Kanzler Schlick und vom König immer reicher mit Vertrauen beschenkt, handelte er im Dienste ihrer reactionären Politik schon bei dem Freisinger Bistumsstreit, dann während der Reichstage von 1443 und 1444 in der damals eingesetzten Reichsdeputation, deren Mitglied er war, bei der Gesandtschaft nach Rom im Jahre 1445, wo er seine Versöhnung mit Papst Eugen IV schloss, ferner bei den Verhandlungen des Cardinals Carvajal mit König Friedrich, welche den Verkauf der Gehorsamserklärung des Königs an den Papst zur Folge hatten, und bei der zweiten Gesandtschaft nach Rom 1446, wo er das Band zwischen König und Papst noch enger knüpfen half. Während jener Ereignisse — in den ersten Monaten des Jahres 1446 — war Enea auch in den geistlichen Stand getreten. Indessen trotzdem hatte er seine Rolle bisher immer versteckt gespielt. Erst als er im Herbst 1446 von Rom nach Frankfurt zum Reichstag kam, trat er offen als Apostat und erklärter Eugenianer auf. Ende 1446 und Anfang 1447 ist er dann wieder mit einer Gesandtschaft in Rom, verhandelte hier über ein provisorisches Concordat, vermittelte am Sterbebette Eugens IV die Declaration der Obedienz von Seiten des Königs und eines grossen Teiles der deutschen Nation, war damals auch bei der Wahl Nicolaus V zugegen, und liess sich von diesem das Versprechen geben, alle von seinem Vorgänger mit der deutschen Nation abgeschlossenen Vergleiche bestätigen zu wollen. Endlich 1448 hatte er Anteil am Abschluss des Wiener Concordates, das ja den Höhepunkt der kirchlichen Reactionspolitik König Friedrichs bezeichnet.

Aber auch zu anderen Gesandtschaften wurde Enea von seinem Herrn vielfach benutzt. So musste er 1447 und 1449 das Recht des Königs und des Reiches in Mailand zu wahren suchen, Ende 1450 in Neapel die Eheverhandlungen zwischen König Friedrich und Donna Leonor von Portugal leiten, in demselben Jahre und Anfang 1451

in Rom und den übrigen Städten und Staaten Italiens die Romfahrt und Kaiserkrönung Friedrichs vorbereiten, im Sommer 1451
nach Böhmen eilen, wo er am Landtage zu Beneschau in Sachen
des Königs Ladislaus Posthumus verhandelte und über die kirchliche
Stellung Böhmens sich mit Georg von Poděbrad auseinandersetzte. Im
Herbst 1451 musste er dann abermals nach Italien gehen, die Romfahrt nochmals vorbereiten, die königliche Braut vom Gestade des
Meeres bis Siena geleiten, dann den König nach Rom und von da auf
seiner Rückreise durch Italien, vielfach in diplomatischen Missionen
von ihm verwendet, begleiten und endlich nach der Rückkehr
während des österreichischen Aufstandes ihm mit seinem Rat zur
Seite stehen und vor allem bei den diplomatischen Verhandlungen
an den Hoftagen von Wien und Wiener-Neustadt tätig sein.

Während dieser Zeit wurde Enea im April 1447 Bischof von
Triest, Ende 1450 oder Anfang 1451 Bischof von Siena, im April
1452 Nuntius des päpstlichen Stuhles für Böhmen, Mähren, Schlesien
und die Nachbarländer der Diöcesen Aquileja und Salzburg, endlich im October 1452 im Verein mit Cardinal Nicolaus von Cusa
päpstlicher Legat bei Kaiser Friedrich III. Im Vertrauen seines
Herrn war er, nachdem — im Sommer 1449 — zur Zeit des Stur-
zes des Canzlers Schlick eine Periode der Ungnade, welche er in
seinem Bistum Triest verlebte, rasch vorübergegangen war, immer
mehr und mehr gestiegen, sein Verhältniss zu ihm wurde ein immer engeres und persönlicheres, sein Einfluss auf die Geschäfte
und die Person des Kaisers selbst immer bedeutender.

Das war das ereignissreiche und vielbewegte Leben, welches
Enea hinter sich hatte, als er nach Beendigung des österreichischen
Aufstandes am Hofe des Kaisers daran gieng, die Geschichte vor
Allem der letzten Regierungsjahre seines Herrn zu schreiben.
Und in der That war er zu einem solchen Unternehmen begünstigt
wie nur irgend Einer. Es fehlte ihm weder an Geist noch an
Bildung, weder an politischem Sinn noch an weitreichender Er-
fahrung, weder an Welt- noch an Menschenkenntniss, um die Ge-
schichte seiner Zeit schreiben zu können. Er war stets im Mittel-
puncte der Geschäfte, hatte an den meisten Ereignissen eigenen
Anteil, war mehr als ein Mal in die Geheimnisse des Kaisers wie des
Papstes eingeweiht und was er am Ende nicht selbst erlebte, konnte

er und hat es auch von seinen fast in ganz Europa, vornemlich
aber in Deutschland und in Italien, zerstreut lebenden Freunden,
mit denen er die lebhafteste Correspondenz unterhielt [1]), erfahren
oder er benutzte Actenstücke aller Art, die ihm als Secretär und
Vertrauten des Kaisers stets zu Gebote standen. Enea hat es auch
an dieser Sorgfalt nicht fehlen lassen, denn gerade für Zeiten, wie
z. B. die des Anfangs der österreichischen Bewegung in der zweiten
Hälfte des Jahres 1451, wo er selbst in Italien weilte, können wir
nachweisen, dass er Actenstücke in hinreichendem Masse ausge-
nutzt hat. Enea hatte aber auch noch andere für einen Historiographen sehr schätzenswerte Eigenschaften. So fehlte es ihm nicht
an kritischem Sinn; er zeigt denselben in unserem Werke an mehreren Stellen, z. B. wo er in seiner Einleitung bei Behandlung der
ältesten österreichischen Geschichte die Nachrichten einer ihm dabei
zur Seite stehenden Chronik in der schärfsten Weise kritisirt [2]), wo er
in derselben Einleitung [3]) die beiden von Heinrich IV bestätigten Ur-
kunden, welche Julius Cäsar und Claudius Nero dem Ostlande verliehen
haben sollen, als unecht nachweist. [4]) An anderen Stellen wiederum
wagt er es nicht, seine Nachrichten als ganz zuverlässig hinzustellen
oder er beruft sich wenigstens auf seine Quellen, um die etwaige
Verantwortlichkeit von sich abzuwenden und diesen zuzuschieben.
So Kollar p. 119 bei Erzählung des Todes des Cardinals Julian
in der Schlacht bei Varna, p. 167 der Kämpfe Albrecht Achills,
p. 295 der nächtlichen Zusammenkünfte des Kaisers und Papstes
in Rom, p. 462 bei den Angaben über die Anzahl der in der Schlacht
bei Belgrad Gefallenen, p. 464 bei dem Berichte über die Ermor-
dung des Grafen Ulrich von Cilly und p. 471—474 über den Tod
des Königs Ladislaus Posthumus. Ferner war er nicht blind gegen
die Schwächen seines Herrn. Auf diese spielt er schon in seiner

---

[1]) Vgl. die Briefe des Enea vor seiner Erhebung auf den päpstlichen Stuhl,
chronologisch geordnet von Voigt: im Archiv für Kunde österr. Geschichtsquellen. Bd. XVI p. 321 ff.

[2]) Kollar: p. 15 ff.

[3]) Kollar: p. 31 und 35.

[4]) Enea kannte nicht den schon vor ihm von Petrarca geführten Beweis.
cf. Voigt: Pius II Bd. II p. 314.

Anrede an den Kaiser selbst an [1]). Obwol in den meisten Fällen streng auf der Seite des Kaisers, billigt er in der historia Friderici doch keineswegs alle Handlungen desselben; ja manchmal muss Friedrich III heftigen Tadel aus dem Munde seines Secretärs hören. So vor Allem über seine zögernde Politik in der Mailänder Angelegenheit [2]), ebenso beim österreichischen Aufstand [3]), dann wieder ganz besonders über seine Unentschlossenheit, die österreichischen Gegner mit Waffengewalt anzugreifen [4]), endlich über seinen alles ertragenden Gleichmut [5]) und andererseits über seinen nicht zur rechten Zeit aufbrausenden Zorn [6]). Ebenso ist er nicht einverstanden mit den von Friedrich allzu häufig verliehenen Rittertiteln in Italien [7]) und nicht mit der Geneigtheit des Kaisers in der Nürnberger Angelegenheit nach der Majorität der Fürsten zu entscheiden [8]). Hier sei auch bemerkt, dass Enea p. 120 die Absetzung der Erzbischöfe von Cöln und Trier durch Eugen IV nicht billigt, wenigstens erscheint ihm diese Massregel als politisch unklug. Ferner lässt Enea öfter ironische und für Friedrich III eben nicht schmeichelhafte Bemerkungen fallen: so bei Gelegenheit seiner Verlobung [9]), bei der Krönungsfeierlichkeit in Rom [10]) und über seinen Aberglauben [11]).

Eneas italienische Abkunft hat auf die Beurteilung deutscher Zustände keinen hemmenden Einfluss geübt. Durch den langjährigen Aufenthalt in Deutschland und Oesterreich war er mit den Menschen wie mit den Verhältnissen diesseits der Alpen auf das Beste vertraut [12]). Ebensowenig vermochte aber auch seine Stellung

---

[1]) Kollar: p. 4 ff.
[2]) Kollar: p. 160 und 161.
[3]) Kollar: p. 344.
[4]) Kollar: p. 354—356, p. 370 und 395.
[5]) Kollar: p. 363.
[6]) Kollar: p. 378 und 379.
[7]) Kollar: p. 294.
[8]) Kollar: p. 435.
[9]) Kollar: p. 169.
[10]) Kollar: p. 292.
[11]) Kollar: p. 304 und 305.
[12]) Vgl. hierüber Geugler: Ueber Aeneas Sylvius in seiner Bedeutung für die deutsche Rechtsgeschichte. Erlangen 1860 p. 3 ff.

als Bischof die Auffassung in einseitiger Weise zu bestimmen. Wie
er als Bischof nur wenig in seinen Sprengeln lebte, sondern meist
am Hofe und im Getriebe der weltlichen Geschäfte verblieb, seine
geistlichen Functionen ihm überhaupt Nebensache waren, so betrachtet er die in seinem Werke erzählten Begebenheiten auch nicht
etwa vom theologischen Standpuncte aus. Enea blieb auch als
Kirchenfürst was er vorher gewesen, freidenkender Humanist und
klug berechnender Politiker; als solcher allerdings hatte er sich
entschieden hierarchischer und speciell eugenianischer Parteiansicht
hingegeben. Diese beiden zuletzt erwähnten Eigenschaften unseres
Autors spiegelt die historia Friderici in allen ihren Teilen wieder.

Die Erwähnung der kirchlichen Parteiansicht des Enea führt
uns schliesslich noch auf die für einen Historiographen nicht nur
wünschenswerte, sondern zugleich notwendige Eigenschaft, die Un-
parteilichkeit. Hier müssen wir gestehen, dass diese unserem Autor
in vielen Fällen abgieng. Er wusste sie wol zu schätzen; darauf
deuten jene Worte in der Anrede an Kaiser Friedrich III hin,
mit denen er die Geschichte preist [1]), das zeigt uns vor Allem
sein Urteil über Otto von Freising [2]), welcher ihm gerade wegen
dieser Eigenschaft so schätzenswert und lieb geworden ist. Enea
verstand es aber nicht im Geringsten, sich auch nur zu einer
ähnlichen Objectivität aufzuschwingen, die er bei Otto von Freising so sehr betont und hervorhebt. Im Gegenteil er steht zum
Beispiel in der mailändischen Angelegenheit wie während der Zeit
des österreichischen Aufstandes so entschieden auf dem Standpuncte seines Herrn, dass wir seine Nachrichten hierüber immer
mit Vorsicht zu behandeln haben werden. In noch höherem Masse
wird diese geboten sein, wo Enea über die kirchlichen Fragen
handelt, die er zur Zeit der Abfassung seines Werkes mit streng
eugenianischer Parteiansicht betrachtet und bei denen er noch
eine andere für sein Ansehen als Historiograph wenig günstige
Eigenschaft entfaltet, nämlich dass er Vieles verschweigt, was er

---

[1]) Kollar p. 3.
[2]) Kollar p. 29 und p. 80. Diese Charakteristik Ottos von Freising als Historiker ist ganz vortrefflich; sie macht Enea alle Ehre.

ohne Zweifel gewusst hat, entweder aus Parteirücksicht oder aus
Rücksicht auf sich selbst und die Rolle, welche er bei den Dingen
gespielt hat.

Von solchen Hoffnungen einerseits und Befürchtungen andererseits werden wir erfüllt, wenn wir Enea als Geschichtschreiber
seiner Zeit in's Auge fassen. Die Untersuchung der einzelnen
Teile seines Werkes wird zeigen, ob wir ein Recht dazu haben
oder nicht.

II. Capitel.

Die Entstehungsgeschichte der historia Friderici.

Wenden wir uns nun zu dem Werke selbst, so wollen wir in
erster Linie die beiden Redactionen, welche demselben im Verlaufe der Zeit von der Hand unseres Autors zu Teil geworden
sind, in den Kreis unserer Betrachtung ziehen, und hier sind wir
durch die Benützung des handschriftlichen Materials in den Stand
gesetzt, wesentlich neue Gesichtspuncte zu gewinnen.

Die erste Gestalt, welche Enea seinem Werke gegeben hat,
wird klar ersichtlich aus dem Autographon Codex M. S. Nr. 3364
(hist. prof. 317) der k. k. Hofbibliothek zu Wien. Hiernach be-
stand dieselbe Fol. 1a — Fol. 1b aus einer Praefatio, die verschieden ist von der bei Kollar p. 1—6 gedruckten [1]). Diese Verschiedenheit bezieht sich im ersten Teil bloss auf die Fassung,
der zweite Teil gibt aber ganz neue und interessante Aufschlüsse
über die Veranlassung, den Charakter und Plan dieser ersten
Redaction der historia Friderici. Von einem Auftrage Kaiser
Friedrichs ist hier nicht die Rede ; das historische Interesse, welches sich an den österreichischen Aufstand knüpft, und die politische Bedeutung dieses Ereignisses bewegen den Enea zu seiner
Aufzeichnung, mit der er nur noch den gemeinnützigen Zweck

---

[1]) Da diese Praefatio bisher noch ungedruckt und doch sehr wichtig ist, lasse
ich sie als Beilage folgen.

verbindet, damit der Nachwelt zu nützen, indem sie aus den dargestellten Ereignissen ihre Lehre ziehen soll. Der Plan geht dahin, das sogenannte bellum Australicum nach seinem Ursprung und seinem Ende zu beschreiben. An diese Praefatio schliesst sich fol. 1b — fol. 21a jener Teil der historia Friderici an, welcher die Vorgeschichte Friedrichs bis zu den Verhandlungen über dessen Vermälung und Kaiserkrönung enthält und bei Kollar p. 112—168 gedruckt ist. Dann fährt der Codex fol. 21a fort: Dum haec agerentur, existimans Caesar, haud se amplius sine conjuge manere decere, de tribus mulieribus tractatum habuit. Prima sibi etc. Der nun folgende Teil enthält die Darstellung der Romfahrt, Kaiserkrönung und Vermälung König Friedrichs, sowie den damit eng verbundenen österreichischen Aufstand, bei dessen Schilderung aber in dem Briefe des Johann Ungnad an Ulrich Eizinger unser Codex fol. 55b plötzlich mit folgenden Worten abbricht: At tibi nihil imputandum est, si voluptatibus in hac vita das operam, qui futuram esse non credis. Hic te coeno volvis, hic te Venere et Bacho satias. Sic enim te tua phitonissa commonitum reddit, cujus nutu omnia geris diabolo enim duce. Man vergleiche damit Kollar p. 367. Das Wichtigste und Interessanteste bei diesem Teile unserer Redaction ist der Umstand, dass derselbe nur dem Inhalte nach mit dem ihm in der Ausgabe Kollars p. 168—367 entsprechenden übereinstimmt, sonst aber grosse Verschiedenheiten stattfinden. [1] Einmal und vor Allem ist die Auffassung des Enea hier eine viel freiere und weniger von höheren Rücksichten beschränkte. Wir heben nur einige eclatante Beispiele hervor. So sagt Enea hier bei Gelegenheit des vom Papst dem König Friedrich über dessen Romfahrt erteilten Rates fol. 22a: sive id animi sibi (sc. papae) fuit, sive ut mos inolevit principibus aliud in pectore clausum gessit aliud propositum in ore habuit. Davon finden wir an der entsprechenden Stelle bei Kollar p. 171 nichts.

---

[1] Auf eine Verschiedenheit hat schon Lambecius: Commentarii de august. Bibl. Caesarea Vindobon. 1669 liber II p. 972 und 973 und liber IV p. 304 ff., wo er als Beispiele zwei Stellen nach den beiden Fassungen abdruckt, hingewiesen, indess dieselbe nicht näher charakterisirt.

Bei Gelegenheit der Erwähnung des Todes der Kaiserin Barbara, der
Witwe Kaiser Sigismunds, schildert er hier fol. 23 b ihr lasterhaftes
Leben noch ausführlicher und mit kräftigeren Ausdrücken, als er es
später zu tun für angemessen hält und nennt unter den amatores derselben ausdrücklich den Herzog Ernst von Oesterreich, den Vater
Kaiser Friedrichs III, was er in der späteren Redaction aus gutem
Grunde vermeidet. Man vergleiche Kollar p. 181 und 182. Sehr bezeichnend ist ferner das starke Hervorheben seiner Persönlichkeit bei
der italienischen Gesandtschaft, wenn er fol. 23 b sagt: Nos in ea
legatione primum locum habuimus, qui non solum recipere impe-
ratricem Senasque ducere sed ad papam quoque proficisci jussi
sumus hortarique ut coronationi necessaria apparentur. Er vermeidet diess in der späteren Fassung, wie Kollar p. 182 zeigt.
Ueber Herzog Albrecht VI, den Bruder seines Kaisers und Herrn,
fällt er hier ein viel härteres Urteil, wobei auch der Kaiser sich
einen Seitenhieb gefallen lassen muss. Es heisst fol. 24 a: Albertus
germanus Caesaris, cui parsimonia ignotum nomen est, profusus
homo, largus et beneficus, in omnes tam largus quam Caesar
parcus etc. Man vergleiche damit die entsprechende Charakteristik des Herzogs bei Kollar p. 183. Bei Gelegenheit des von
den päpstlichen Gesandten dem König Friedrich abverlangten
Schwures heisst es in unserem Codex fol. 35 a: hic cardinales
juramentum Caesaris exegerunt, quod in clementinis positum aiunt.
Idque nullum unquam Caesarum jurasse accepi nisi fortasse Caro-
lum et Sigismundum. Nam Henricus id recusavit etc. Diese
Reflexion, welche Enea hier selbst über den Eidschwur anstellt,
legt er in der späteren Redaction dem Kaiser in den Mund. Man
vergl. Kollar p. 257. Während des Aufenthaltes Friedrichs in Rom
bemerkt Enea in unserem Codex fol. 37 b ganz kurz am Rande:
In hoc etiam tempore exposuit imperator querelas contra Australes
obtinuitque censuras contra eos. An Stelle dieser kurzen Notiz
tritt nun später, wie Kollar p. 282 ff. zeigt, eine grosse Rede des
Kaisers, die wir schon aus anderen Gründen als Machwerk des
Enea erkannt haben. Die beiden letzten Stellen sind zugleich
äusserst charakteristisch für die Art und Weise, wie Enea Geschichte schreibt. Bei der Schilderung der Tätigkeit der auf-
ständischen Oesterreicher wird in unserem Codex fol. 51 a diese

2

in scharfen Gegensatz zu dem schwächlichen Verfahren Kaiser
Friedrichs gestellt, indem es heisst: Sic persuasis omnibus operam
praebent, ut quam mature exercitum habeant, pecunias undique
colligunt, terrigenas in arma compellunt. Caesar suo more primum
scriptis agere incipit, wovon die Schilderung bei Kollar p. 349
nichts enthält. Die Zahl der für den Charakter dieser ersten
Fassung unseres Werkes so .bezeichnenden Stellen liesse sich leicht
noch vermehren. Bemerkenswert erscheint uns ferner, dass Enea
von sich in dieser Redaction meist in der ersten Person spricht,
während er es in der späteren Redaction nur in der dritten tut,
was ebenfalls zeigt, wie diese erste Redaction nichts Weiteres war,
als eine private Aufzeichnung.

Ausserdem aber unterscheidet sich diese erste Fassung der
historia Friderici von der folgenden noch dadurch, dass die
Anordnung in der Reihenfolge der Erzählung vielfach eine andere
ist, ferner die Darstellung manchmal ausführlicher [1]), manchmal
kürzer als in der folgenden Redaction gehalten ist, Einiges endlich ganz fehlt, wie der Excurs über die Apenninen bei Kollar
p. 248—250, die Gesandtschaft der Oesterreicher, welche bei Kollar
p. 258—265 enthalten ist,[2]) ferner die Rede des Kaisers über die
Oesterreicher bei Kollar p. 282—287, die von Enea in Rom vor
Kaiser und Papst gehaltene Rede gegen die Türken bei Kollar
p. 307—318 und einige kleinere Stücke.

Wie wir schon oben bemerkt, ist diese Redaction unvollendet
geblieben, sie bricht in dem Briefe des Johann Ungnad an Ulrich
Eizinger (bei Kollar p. 367) auf fol. 55 b in Codex M. S. Nr. 3364
plötzlich ab.

Kollar hat diese erste Form der historia Friderici gekannt —
denn unser Codex M. S. Nr. 3364 ist ohne Zweifel mit dem von
ihm p. 1 Anmerkung 1 und p. 112 Anmerkung 1 erwähnten Codex

---

[1]) Hier sei bemerkt, dass Enea in der ersten Redaction auch zuweilen sach-
    lich mehr bietet. Man vgl. fol. 21 a, wo er eine dreifache Werbung Kg.
    Friedrichs erwähnt, während bei Kollar p. 168 nur die letzte besprochen wird.

[2]) Enea bemerkt in unserem Codex fol. 35 a bloss am Rande: Tum quidam
    legatus Australium per Senam transiens a caesarianis militibus non longe
    a sancto Quirito deprehensus est, qui litteras contra Caesarem Romam gerebat
    spoliatusque litteris dimissus est.

primus zu identificiren — hat aber nur die Vorgeschichte Friedrichs p. 112—168 aus ihr entnommen und ihr sonst gar keine
Beachtung geschenkt. Er tut es mit Absicht, wie er am Schluss
seiner epistola ad lectorem auseinandersetzt, befindet sich aber
dabei in dem Irrtum, dass er der ersten Redaction viel zu wenig
Gewicht beigelegt, wie wir es nach dem von uns oben angedeu-
teten Charakter derselben nicht im Stande sind.

Die zweite Redaction unseres Werkes erscheint verteilt auf
die Autographa Cod. M. S. Nr. 3365 (hist. prof. 318), Nr. 3366
(hist. prof. 319) und Nr. 3367 (hist. prof. 320) der k. k. Hofbibliothek zu Wien.¹) Ausserdem müssen wir noch die beiden
im XV. Jahrhundert verfertigten Abschriften Cod. M. S. Nr. 109
und Nr. 785 des k. k. Staatsarchives zu Wien zu Hilfe nehmen,
da sie einige Stücke dieser Redaction erhalten haben, welche im
Autographon verloren gegangen sind.²)

---

¹) Diess ist dadurch entstanden, dass die zusammengehörigen Blätter fälschlich
in verschiedene Codices gebunden sind. Der Einband derselben stammt
aus dem Jahre 1666, das auf dem Einbanddeckel verzeichnet ist.

²) Ueber die Beschaffenheit dieser beiden Handschriften sei hier Folgendes
bemerkt. Vor Allem unterliegt es keinem Zweifel, dass sie Abschriften der
die zweite Redaction enthaltenden Autographa sind. Das hat sich aus der
Collation deutlich ergeben und wird für uns dadurch von grosser Wichtigkeit, dass wir klar ersehen, welche Teile in den jetzt nicht mehr vollständig
erhaltenen Autographis vorhanden gewesen und in Folge dessen dieser
Redaction zugewiesen sind. Codex M. S. Nr. 109 enthält von der Hand
eines Schreibers des XV. Jahrhunderts fol. 37 a — fol. 38 a — auf den
vorangehenden Blättern befindet sich von der Hand eines anderen Schreibers der Tractat des Enea de educatione liberorum — die Praefatio der
historia Friderici (Divo Caesari Friderico — bonique consulet. Vale. Kollar
p. 1—6), welche im Autographon nicht mehr vorhanden ist. Fol. 38 a —
fol. 45 a ist eine Abschrift des Autographons Cod. M. S. Nr. 3365 fol. 1 a —
fol. 7 b (Friderici tertii Romanorum Imperatoris qui fuit — moestam et
lectulo cubantem reperit Kollar p. 6—25), fol. 45 a — fol. 46 b stehen leer.
Fol. 47 a — fol. 49 b und das folgende Blatt, welches nicht paginirt ist, sind
von der Hand Hinderbachs geschrieben. Diess wird daraus ersichtlich, dass
wir hier dieselbe Hand finden wie bei den auf den vorangegangenen Blättern
befindlichen Randglossen, deren einige von Hinderbach unterzeichnet sind,
so fol. 39 a, fol. 41 a und fol. 43 a. Die genannten Blätter zeigen eine Abschrift des Autographons Cod. M. S. Nr. 3367 fol. 9 a — fol. 12 b (quod

2*

Wir ersehen diess sogleich aus dem Anfange dieser Redaction.
Die Praefatio derselben (Divo Caesari Friderico — bonique con-

cum Leopoldus — annis plenus ad vitam aliam migravit Kollar p. 25—36),
wobei aber im Autographon der erste Teil (quod cum Leopoldus — a Guelfone Henrici fratre Kollar p. 25—27) fehlt, der gerade auf einem Blatte gestanden haben kann. Fol. 50 a — fol 109 a ist von der Hand desselben Schreibers wie die obigen Blätter und erweist sich als Abschrift des Autographons
Cod. M. S. Nr. 3365 fol. 8 a — fol. 65 b (Friderici dum haec aguntur — et
suo judicio. Kollar p. 168 - 334', nur ist im Autographon die hier fol. 100 a
— fol. 104 a erscheinende Türkenrede des Enea bloss durch eine später
wieder durchgestrichene Randbemerkung angedeutet, nicht selbst erhalten.
Sie hat wol früher auf einem besonderen Blatte beigelegen, das jetzt verloren ist. Fol. 109 a — fol. 127 b ist eine Abschrift des Autographons Cod.
M. S. Nr. 3366 fol. 12 a — fol. 31 b (in filium crudelis — dignaque patre Kollar
p. 334—386). Hier schliesst in unserem Codex die historia Friderici ab.
Zu bemerken ist, das fol. 37 a — fol. 45 a desselben sehr reich mit Rand-
glossen von der Hand Hinderbachs versehen sind, welche zum Teil sach-
liche Bemerkungen zur ältesten Geschichte Oesterreichs enthalten, zum
Teil aber auch für die Entstehungsgeschichte der historia Friderici von
Bedeutung sind, wie wir unten sehen werden. Die folgenden Blätter unseres
Codex füllt von der Hand eines anderen Schreibers der tractatus domini
Encae tunc cardinalis et Episcopi Senensis post papae Pii responsivus,
apologeticus ac defensivus papae Calixti ac sedis apostolicae contra certam
invectivam epistolam doctoris Martini Mayr tunc cancellarii Maguntini
de certis gravaminibus nationis germanicae 1457 aus. Codex M. S. Nr. 785
trägt auf dem Pergamentumschlag die Ueberschrift: Opera Domini Pii
Papae II. Universalis descriptio partium Europae et gestorum in ea suo
tempore und Additamenta hystoriae Australis a principio et in fine ejusdem
tempore cardinalatus ipsius. Er enthält von der Hand eines Schreibers
des XV. Jahrhunderts auf den ersten Blättern die Europa des Enea, sodann folgt von der Hand desselben Schreibers fol. 101 a — fol. 105 b eine
Abschrift von Cod. M. S. Nr. 109 fol. 47 a — fol. 49 b und dem folgenden
unpaginirten Blatte (quod cum Leopoldus — annis plenus ad vitam aliam
migravit). Fol. 105 b. — fol. 123 b. ist eine Abschrift des Autographons
Cod. M. S Nr. 3367 fol. 12 b — fol. 30 b (At cum Fridericiorum — fortior ad
pugnam Kollar p. 36—77) fol. 123 b — fol. 138 b eine Abschrift des verloren gegangenen Teiles jenes Autographons (reversus — nunc ad ipsos
Australes redeundum Kollar p. 77—112). Fol. 139 a — 140 b stehen leer.
Fol. 140 a — fol. 148 a sind eine Abschrift des Autographons Cod. M. S.
Nr. 3366 fol 31 b — fol. 38 b (Sed aderat forte Carolus Marchio Badensis — locum ejus occupaturus Kollar p. 386—405), nur fehlt die im Autographon fol. 35 b — fol. 36 a enthaltene Beschreibung der Erziehung des

sulet. Vale. Kollar p. 1—6) steht in Cod. M. S. Nr. 109 fol. 37 a — fol. 38 a und ist, da derselbe sich im Uebrigen als eine Abschrift des Autographons erweist, jedenfalls auch in diesem vorhanden gewesen, aber verloren gegangen. Sie kann gerade auf einem Blatte gestanden haben. Hieran schliesst sich Cod. M. S. Nr. 3365 fol. 1 a: Federici tertii Romanorum imperatoris, qui fuit Hernesti ducis Austriae filius, scripturo mihi res gestas, haud ab re visum est etc., worauf dasselbe folgt, was wir bei Kollar p. 6 ff. gedruckt finden. Abweichungen beruhen auf dem fehlerhaften Abdruck. Unser Codex bricht aber fol. 7 b mitten in der Erzählung mit diesen Worten ab: uxorem adiens, moestam ac lectulo cubantem reperit. Man vergl. damit Kollar p. 25. Von der Fortsetzung sind die Worte: quod cum Leopoldus — a Guelfone Henrici fratre Kollar p. 25—27, welche gerade ein Blatt ausfüllen, im Autographon verloren gegangen, aber in der im Cod. M. S. Nr. 109 befindlichen Abschrift Hinderbachs fol. 47 a — fol. 47 b erhalten.

Königs Ladislaus (Cujus vita in hunc modum instituta est — tutum se praestat Kollar p. 396—398). —

Zum Schlusse will ich noch bemerken, dass Cod. M. S. Nr. 109 eine ziemlich fehlerhafte und Cod. M. S. Nr. 785 eine bessere Abschrift ist und dass beide wol dem Codex Brisacensis, den Joh. Hinderbach für den jungen Maximilian hat anfertigen lassen, zu Grunde liegen. Denn wie wir aus der nach ihm veranstalteten editio princeps ersehen, enthielt er die historia Friderici eben in jener Gestalt, wie sie uns durch diese beiden Abschriften erhalten ist, auch alle Fehler derselben finden sich in ihm wieder. Beide Codices waren ja auch im Besitze Hinderbachs. Das zeigen vor Allem die in Cod. Nr. 109 sehr häufigen und im Cod. Nr. 785 namentlich bei der Europa vorkommenden Randglossen Hinderbachs. Ferner wird diese Ansicht noch gestützt, dass wir in dem bei Bonnelli: Monumenta ecclesiae Tridentinae Tom. III Pars II befindlichen Verzeichnisse der Handschriften der bischöflichen Bibliothek von Trient (Hinderbach war Bischof von Trient) p. 378 und 381 unsere beiden Codices erwähnt finden. Aus Trient sind sie dann im Anfange unseres Jahrhunderts mit dem übrigen handschriftlichen Material nach Wien gekommen. Der Codex Nr. 785 ist vielleicht erst auf Befehl Hinderbachs für die von ihm beabsichtigte und für Maximilian bestimmte Abschrift der historia Friderici geschrieben worden, wofür mir das Weglassen jener Stelle über die Erziehung des Königs Ladislaus zu sprechen scheint, welche dem Hinderbach für ein dem jungen Maximilian zu übergebendes Exemplar unpassend erschien.

Das Folgende finden wir wieder in einem Autographon und zwar Cod. M. S. Nr. 3367 fol. 9 a, wo es heisst: ex improviso invasus compluribus suorum desideratis vix fugae beneficio salvari potuit. Ex Ratispona quoque etc. Es enthalten nun die folgenden Blätter dasselbe, was bei Kollar p. 27—77 gedruckt ist, nur im Wortlaute verschieden, da der Abdruck kein correcter ist. Unser Codex bricht dann fol. 30 b mit folgenden Worten ab: In Italia quoque ob eam cladem nulla civitas ab eo defecerat; poterat instaurare praelium et fortior ad pugnam. Dass die Fortsetzung im Autographon vorhanden gewesen ist, deutet schon das unten am Rande desselben Blattes von des Enea Hand geschriebene reversus an, welches das erste Wort der folgenden Seite bezeichnet und mit welchem auch die Erzählung fortfährt, und wird klar ersichtlich aus Cod. M. S. Nr. 785, wo sie abschriftlich erhalten ist fol. 123 b — fol. 138 b reversus — nunc ad ipsos Australes redeundum. Kollar p. 77—112. Hier bricht der Codex Nr. 785 ab und hat wol auch das Autographon geendet. Die Fortsetzung müssen wir in Cod. M. S. Nr. 3365 suchen, der nach der von uns eben ausgefüllten Lücke fol. 8 a fortfährt: Federici dum haec aguntur duplex etc. Kollar p. 168. Diese Anknüpfung von Ereignissen mitten aus der Zeit Kaiser Friedrichs III an die Erzählung von dem Tode des letzten Staufers ist im höchsten Grade auffallend, doch können wir nach der handschriftlichen Grundlage eine andere Gestalt dieser Redaction nicht annehmen. Die Erklärung hiefür müssen wir wol darin suchen, dass es in der Absicht des Enea gelegen haben wird, nach dem Excurs über die Staufer in dieser Redaction die in der ersten enthaltene Vorgeschichte König Friedrichs einzuschieben und daran mit den Worten Friderici, dum haec aguntur etc. [1] anzuknüpfen, dass er aber dazu nicht gekommen ist. Auf den folgenden Blättern erscheint im Cod. M. S. Nr. 3365 dasselbe, was wir bei Kollar p. 168 ff. finden. Der Unterschied im Wortlaut beruht wieder auf dem schlechten Abdruck Kollars, ferner fehlt im Autographon die bei Kollar p. 307—318

---

[1] Ganz in derselben Weise knüpft ja auch die erste Redaction an die Vorgeschichte Friedrichs fol. 21 a mit den Worten an: Dum haec agerentur existimans Caesar etc.

gedruckte Rede des Enea, welche dieser in Rom gegen die Türken gehalten hat. Es heisst in unserem Codex fol. 60 b wie bei Kollar p. 307: Quibus de rebus adeo efficaciter Eneas verba fecit, ut pluribus circumstantibus lacrimas extorserit und fährt sogleich fort: Nicolaus ubi responsum dedit, primum quae facta essent in honorem Caesaris etc. wie Kollar p. 318. Zu extorserit hat Enea am Rande links bemerkt: cujus orationis quoniam futuri praescia fuisse videtur, inserere hoc loco tenorem non alienum putavi, cujus verba hujusmodi sunt. Diese Randbemerkung ist aber wieder durchgestrichen worden und die Rede finden wir nicht in unserem Autographon. Sie erscheint in der Abschrift Cod. M. S. Nr. 109 fol. 100 a — fol. 104 a und hat wol, als dieselbe gemacht wurde, auf einem besonderen Blatt dem Autographon beigelegen. Auf fol. 65 b bricht dann unser Codex M. S. Nr. 3365 wieder plötzlich mit folgenden Worten ab: Sic infelices amantes periere, patri posthac rarum gaudium fuit, qui et aliorum et suo judicio. Man vergl. Kollar p. 334. Dass die Fortsetzung im Autographon existirt hat, zeigen schon die unten am Rande desselben Blattes von der Hand des Enea geschriebenen Worte in filium, welche den Anfang des folgenden Blattes bezeichnen und mit denen, wie Kollar p. 334 zeigt, die Erzählung weitergeführt wird. Die Fortsetzung findet sich denn auch in der Tat und zwar im Codex M. S. Nr. 3366 fol. 12 a, wohin sie durch fehlerhaften Einband geraten ist. Mit den Worten in filium crudelis, in conjugem vel injurius judicatus est, ex qua beginnend, enthält dieser Codex fol. 12 a — fol. 50 b dasselbe, was bei Kollar p. 334 — 439 aber fehlerhaft gedruckt steht. Auf fol. 50 b bricht der Codex mit den Worten ab: quam auditioni publicae locum facerent. Die Fortsetzung finden wir in demselben Codex M. S. Nr. 3366 auf fol. 11 a, wo es heisst: ne partes irritatae convitiis pacem difficilius admitterent. Jusserunt igitur etc. und bis fol. 11 b dasselbe folgt, was Kollar p. 439—442 gedruckt ist. Schuld an dieser Verstellung ist abermals der fehlerhafte Einband. Auf fol. 11 b bricht unser Codex mitten in einer im kaiserlichen Rat zu Wiener-Neustadt gehaltenen Rede des Markgrafen Albrecht Achilles ab mit den Worten: neque nostro consilio egeat. Kollar p. 442. Wie die unten am Rande desselben Blattes von des Enea Hand geschriebenen Worte

quia tamen zeigen, enthielt das folgende Blatt, welches aber ganz
verloren gegangen ist, jedenfalls das Ende der Rede Albrecht
Achills, ferner den übrigen Teil der Beratung mit dem Anfang
der Rede des Enea[1]), deren Schluss uns wiederum erhalten ist,
und zwar im Codex M. S. Nr. 3367, wohin er durch fehlerhaften
Einband gekommen ist. Codex M. S. Nr. 3367 schliesst fol. 1 a
folgendermassen an: In Hungaria meliores arces quas bello quae-
sivisti tibi tuisque dimittuntur poenae etc., worauf bis fol. 8 b ganz
dasselbe folgt, was bei Kollar p. 442 — p. 456 erscheint. Nur
einige Lücken befinden sich in diesem Teile unseres Textes; sie
sind dadurch veranlasst, dass aus den Blättern 2 a und b und
4 a und b ein Stück ausgerissen und verloren gegangen ist. Der
Inhalt lässt sich aus der sachlich hier mit der historia Friderici
übereinstimmenden historia Bohemiae unseres Autors ergänzen.
Mitten in einer vom Grafen von Cilly an König Ladislaus Posthumus gerichteten Rede bricht aber auch dieser Codex fol. 8 b
wieder ab mit folgenden Worten: pro te vulneratus sanguinem
fudi pro te pugnans captus squalorem carceris. Die Fortsetzung
fehlt und ist sachlich aus der historia Bohemiae Cap. 61 und 62
zu ergänzen. Sie enthält jedenfalls den Schluss über die Ver-
drängung des Grafen von Cilly und zwar ohne Zweifel ausführlicher als die historia Bohemiae. [2]) Dann folgte wol ziemlich gleich
wie in der historia Bohemiae die Reise des Königs Ladislaus Posthumus nach Prag, dessen Krönung und Aufenthalt daselbst und
ferner die Reise desselben nach Breslau. Bei der episodenartigen
Erzählung einer hier von einem gewissen Chilianus an Georg von
Poděbrad gehaltenen Rede setzt die historia Friderici in Codex M. S.

---

[1]) Dass diese Rede des Enea entschieden in diesen Zusammenhang gehört
und zwischen ihr und den Worten Albrecht Achills der übrige Teil der
Beratung ausgefallen ist, kann nach dem Inhalte derselben keinem Zweifel
unterliegen.

[2]) Dieses kann man daraus schliessen, dass in den vorangegangenen Partien der historia Friderici und der historia Bohemiae, in welchen ein engerer
Zusammenhang zwischen den beiden Werken des Enea zu verfolgen ist —
es ist diess in der historia Friderici ap. Kollar p. 446 ff. und in der historia
Bohemiae Cap. 60 ff. der Fall — erstere eine bei weitem grössere Ausführlichkeit in der Darstellung der gleichartigen Ereignisse zeigt.

Nr. 3366 fol. 51 a wieder ein mit den Worten: ne bone vir quam multi magnique principes et ipse rex noster etc., worauf bis fol. 59 b der Schluss dieser Redaction folgt, welcher bei Kollar p. 456 — p. 476 steht und mit den Worten schliesst: nobis persuasum est armis regna acquiri non legibus. Zu bemerken ist, dass dieser letzte Teil des Werkes in Codex M. S. Nr. 3366 fol. 51 a — 59 b nicht mehr von des Enea eigener Hand geschrieben ist, sondern von der eines gleichzeitigen Schreibers. [1]

In dieser oben bezeichneten Weise müssen wir aus den drei Autographis Cod. M. S. Nr. 3365, Nr. 3366 und Nr. 3367, sowie aus den beiden Abschriften Cod. M. S. Nr. 109 und 785 die zweite Redaction der historia Friderici reconstruiren, wozu schon Lambecius mit seinen in den Handschriften der Wiener Hofbibliothek gemachten Notizen den Weg gewiesen hat.

Was wir sonst noch von der Hand des Enea in Codex M. S. Nr. 3366 finden, sind Fragmente, in denen wir nichts weiter als zu dieser zweiten Redaction vorbereitende Notizen erkennen werden, wofür unter Anderem auch die flüchtige, von der in den übrigen Teilen unserer Redaction, welche in den Codices 3365, 3366 und 3367 erscheinen, sehr verschiedene Schrift des Enea hinweist. Diese Fragmente enthalten Abschnitte aus dem einleitenden Teil der historia Friderici, welcher die Topographie und älteste Geschichte Oesterreichs behandelt. So beginnt in Cod. M. S. Nr. 3366 fol. 1 a: Austria non ut plerique arbitrantur idcirco dicta est, quod etc., worauf noch einige Zeilen folgen, ähnlich wie bei Kollar p. 6, von denen aber die letzten bereits wieder von Enea durchgestrichen sind. Hierauf beginnt auf demselben fol. 1 a ein anderes Fragment mit den Worten: Henricus inter reges IV inter imperatores III ejus nominis a suis destitutus ab Gregorio VII excommunicatus est, res nova et inaudita prius. Henricus curiam etc. Es folgt nun teilweise ausführlicher, teilweise kürzer dasselbe, was bei Kollar p. 37—42 enthalten ist, und

---

[1] Chmel: Die Handschriften der k. k. Hofbibliothek zu Wien 2. Bd. p. 22 vermutete bereits, dass in diesem Teil nicht mehr die Handschrift des Enea zu erkennen sei, war aber der Sache noch nicht ganz sicher. Eine genauere Betrachtung wird aber keinen Zweifel darüber aufkommen lassen.

schliesst fol. 1 b mit den Worten: Lotario succedit Conradus, Conrado frater Fridericus. Fol. 2 a ferner beginnt mit den Worten: Cum Romae sub Constantino primum ea libertas data sit. Obierunt autem Johannes, ut historia haec tradit, Theoderiscusque sine liberis. Albertus vero etc. Man vergl. hiemit Kollar p. 22. Wie schon Lambecius erkannt hat und am Rande bemerkt, ist dieses Blatt verbunden und schliesst sich an Folio 10 unseres Codex M. S. Nr. 3366 an. Fol. 3 a beginnt: Austria non ut plerique arbitrantur etc., worauf bis fol. 11 b inhaltlich dasselbe und nur in der Darstellung verschieden folgt, was wir bei Kollar p. 6—21 finden. Fol. 10 b schliesst ab mit den Worten: in honorem sanctorum Christi licuisse basilicas aedificare. Daran schliesst sich, wie schon oben bemerkt, fol. 2 a und b an; man vergl. Kollar p. 22. Fol. 2 b schliesst mit folgenden gegen einen österreichischen Chronisten polemisirenden Worten: Is (sc. Henricus II) ducatum Austriae sub titulo marchionatus Alberto dedit, de cujus vel sanguine vel gente nihil traditur. Illud autem vero haudquaquam consonat, quod Ottonis posteri ducentis annis ad Henricum usque imperatorem Austriam possiderint, cum Conradus Ottonis ipsius filius mox post Henricum, de quo sermo est habitus, imperaverit, sub Henrico vero ad imperium Austria redierit. Falsa igitur ementitaque sunt majori ex parte quaecumque hic autor usque in hunc locum tradit. Deinceps notiora ingressus tempora cautior efficitur. Nam cum plures quae secuta sunt gesta litteris mandaverint, videri vanus timuit multorum scriptorum testimonio impugnatus; nec tamen sic fidem nobis facit, nec eum sequimur, nisi cum dicta ejus aliis illorum temporum scriptoribus quadrant. Enea hat diesen Passus in keine seiner Redactionen aufgenommen. Man vergl. Kollar p. 23.

Betrachten wir nun die nach den oben gemachten Zusammenstellungen reconstruirte zweite Redaction der historia Friderici, so ergeben sich für dieselbe folgende Resultate. Sie umfasst nach der Widmung an den Kaiser den einleitenden Teil über die Topographie und älteste Geschichte Oesterreichs, woran sich ein umfangreicher Excurs über die Staufer anschliesst. Nach Beendigung desselben wird sogleich mit Weglassung der in der ersten Redaction enthaltenen Vorgeschichte König Friedrichs übergegangen auf

die Romfahrt, Vermälung und Kaiserkrönung Friedrichs und den
österreichischen Aufstand, dem eine Geschichte der österreichischen
Erblande des Königs Ladislaus Posthumus bis zum Tode desselben
folgt. Diese Redaction ist somit die bei Weitem umfangreichere
und bringt das Werk auch zum Abschluss. Lücken sind durch
den Verlust ganzer Blätter und Beschädigung einiger derselben
entstanden, aber zum Teil wenn auch nicht wörtlich, so doch
inhaltlich aus der historia Bohemiae unseres Autors zu ergänzen.
Was ferner den Charakter dieser zweiten Redaction betrifft, so
unterscheidet sie sich wesentlich von der ersten. Schon die Widmung an den Kaiser zeigt uns, dass Enea hier die Feder im Auftrage seines Herrn ergriffen hat und auch sonst trägt sie den
Stempel einer mehr officiellen Darstellung. Denn alle jene Stellen,
welche uns in der ersten Redaction den deutlichen Beweis für
eine freiere Auffassung gaben und uns ein Werk von privater
Natur verrieten, verschwinden hier. Immerhin bewahrt Enea wie
schon oben bemerkt auch hier noch einen gewissen Grad von
Offenheit gegenüber seinem Herrn und spricht noch manches für
denselben eben nicht günstige Wort aus. Haben wir es aber hier
trotzdem mit einer von dem kaiserlichen Auftrag beeinflussten
Redaction zu tun, so ist es doch zu einer Ueberreichung des
Werkes an den Kaiser wol nie gekommen, dazu wäre eine andere
Ausstattung nötig gewesen, als in der uns die historia Friderici hand-
schriftlich erhalten ist, und dazu hätte Enea wol noch eine endgiltige
Durcharbeitung und Feile des Werkes vorgenommen. Denn nur aus
dem Umstande, dass diese nie stattgefunden hat, ist jener auffällige Uebergang von dem Excurs über die Staufer mitten in die
Regierung König Friedrichs zu erklären. Ganz unmöglich ist es
auch nicht, dass einer solchen letzten Bearbeitung die in der zweiten Redaction noch zuweilen durchblickende Offenherzigkeit des
Autors gegenüber seinem Herrn zum Opfer gefallen wäre. —
    An dieser Stelle seien noch einige Bemerkungen über diejenigen
Handschriften, deren Durchsicht mir ausser den bisher besprochenen
möglich gewesen ist, sowie über die Ausgabe der historia Friderici von Kollar gestattet. Als die älteste dieser Handschriften
stellen wir den Klosterneuburger Codex M. S. Nr. 1063 in 4° an
die Spitze. Wie die von dem Schreiber am Schlusse der historia

Friderici gemachte Notiz: finitum in die Kathedrae Petri 1480
zeigt, stammt derselbe aus der zweiten Hälfte des XV. Jahrhunderts. Es enthält auf den ersten Blättern (der Codex ist unpa-
ginirt) die historia Bohemiae des Enea und einen Brief desselben
an den Herzog Sigismund von Oesterreich. [1] Hierauf folgt die
historia Friderici. Sie erweist sich als Abschrift des Autographons und zwar ganz in derselben Weise wie wir es bei den von
der Hand eines Schreibers verfertigten Teilen des Codex M. S.
Nr. 109 des k. k. Staatsarchives zu Wien angedeutet haben. Auf
die Widmung an den Kaiser (Divo Caesari Friderico — bonique
consulet. Vale) folgt ein Stück des einleitenden Teiles (Friderici
tertii Romanorum imperatoris, qui fuit Arnesti Austriae ducis
filius, scripturo mihi res gestas, haud ab re visum est — uxorem
adiens moestam ac lectulo cubantem reperit) und daran schliesst
sich ein grosser Teil der Geschichte Friedrichs an (Friderici dum
haec aguntur — adolescens dignaque paci [2]). In dieser Gestalt hat
die historia Friderici, wie wir unten sehen werden, einige Zeit im
Autographon existirt. Bemerkt sei noch, dass diese Abschrift zum
Teil fehlerfreier ist wie Codex M. S. Nr. 109. Der Sammelcodex
Nr. 3399 (Rec. 1548) der k. k. Hofbibliothek zu Wien enthält fol.
263 a — fol. 300 a die historia Friderici. Diese Handschrift ist
vielleicht noch in die letzten Jahre des XV. Jahrhunderts oder doch
wenigstens in die allerersten Jahre des XVI. Jahrhunderts zu setzen.
Sie ist ganz wie die Klosterneuburger Handschrift eine Copie der oben
genannten Teile des Autographons und ebenfalls fehlerfreier wie Codex M. S. Nr. 109. Sie war, wie die Notiz fol. 300 b: Iste liber est domini Ladislai Sunthaym canonici sancti Stefani Viennae zeigt, im Besitze jenes unter Kaiser Maximilian I so tätigen deutschen Geschichts-
forschers. Eine Abschrift dieser Handschrift ist die in dem Sammelcodex M. S. Nr. 3362 (Rec. 2257) der k. k. Hofbibliothek zu Wien fol.
161 a — fol 275 a befindliche historia Friderici. Der Codex M. S. 3 E 1
des kgl. böhm. Museums zu Prag von 1575, welches Jahr auf der Innen-
seite des Einbanddeckels verzeichnet ist, ist eine Copie der in dem
Codex M. S. Nr. 109 des k. k. Staatsarchives zu Wien von der Hand

---

[1] Gedruckt in der editio Basil. 105.
[2] Statt patre.

eines Schreibers vorhandenen Teile der historia Friderici. Nur bricht
unser Codex fol. 141a mit den Worten: Ea igitur mente utrin-
que discessum est, ut mox arma sumerentur ab, während seine
Vorlage noch den unvollendeten Satz: Sed aderat forte Carolus
Marchio Badensis, sororius Imperatoris, praestabilis virtutis adolescens, dignaque patre mehr enthält. Man vgl. Kollar p. 386. —
Codex M. S. Nr. 8003 (hist. prof. 321) der k. k. Hofbibliothek zu
Wien ist ein 1592 von einem gewissen Bernhardus a Frideshaim
gemachter Auszug aus dem Autographon der historia Friderici,
die Romfahrt Kaiser Friedrichs III enthaltend. — Codex M. S.
Nr. 9020 der k. k. Hofbibliothek zu Wien enthält Abschriften
einzelner Teile der historia Friderici, welche im Auftrage des
Lambecius im XVII. Jahrhundert gemacht sind. Fol. 1a —
fol. 2a zeigt eine Abschrift der Praefatio der ersten Redaction
(Historiarum scriptores — peccatum cedere discat) aus dem Autographon Codex M. S. Nr. 3364, fol. 1a — fol. 1b. Fol. 2b
steht leer. Fol. 3a — fol. 28a ist eine Abschrift der Vorgeschichte
König Friedrichs (Federicus imperator Hernesti ducis Austriae filius
— ex termino in terminum more gentis prorogatum est. Kollar
p. 112—168) aus dem Autographon Cod. M. S. Nr. 3364 fol. 1b —
fol. 21a. fol. 28b steht leer. Fol. 29a — fol. 29b ist eine Abschrift der Stelle über die Erziehung des Königs Ladislaus aus
dem Autographon Cod. M. S. Nr. 3366 fol. 35b — fol. 36a. fol. 30a
und b steht leer. Fol. 31a — fol. 49b (Contra Johannes veritus quod
— nostro consilio egeat Kollar p. 405 — 442) und fol. 51a —
fol. 67b (In Hungaria meliores arces — nobis persuasum est armis
regna acquiri non legibus Kollar p. 442—476) erweisen sich als
Abschriften des Schlusses der historia Friderici, wie er nach unserer
oben gemachten Zusammenstellung zum Teil von der Hand des
Enea zum Teil von der eines Schreibers vorhanden ist. Die Auswahl
dieser Stellen zeigt, dass Lambecius damit eine Ergänzung zu der
editio princeps hat geben wollen. — Ganz denselben Zweck verfolgt
der Codex M. S. Nr. 73 des k. k. Staatsarchives zu Wien aus dem
XVIII. Jahrhundert, welcher fol. 1 — fol. 2 Verbesserungen zur
editio princeps gibt, fol. 2 — fol. 101 eine Abschrift der in derselben
fehlenden Vorgeschichte König Friedrichs enthält, fol. 101 — fol. 103
abermals Verbesserungen zur editio princeps bietet, fol. 103 — fol. 106

die dort fehlende Stelle über die Erziehung des Königs Ladislaus und fol. 106 — fol. 200 den Schluss der historia Friderici (Contra Johannes — armis regna acquiri non legibus) abschreibt. Fol. 200 — fol. 283 folgt sodann nach einem Trienter Codex eine Abschrift der continuatio historiae Friderici von Hinderbach, welche bei Kollar Anal. II. p. 555 - 666 gedruckt ist. Wir werden in diesem Codex unzweifelhaft die von Kollar in der epistola ad lectorem erwähnte Abschrift, welche Gentilotti hat anfertigen lassen, erkennen.

Was die Ausgabe der historia Friderici von Kollar betrifft, so wird aus einigen bereits oben gelegentlich gemachten Bemerkungen wol schon hervorgegangen sein, für wie mangelhaft und unkritisch dieselbe gehalten werden muss, keineswegs für musterhaft, wie sie Voigt [1]) bezeichnet. Hier sei in aller Kürze Kollars Methode kritisirt. Den ersten Teil der historia Friderici (p. 1—112) druckt er nach der ersten Redaction ab, zeigt aber dabei schon seinen unkritischen Sinn darin, dass er p. 21 und 22 eine Notiz über das Alter des Stephansdomes einfügt, welche nie in diesem Zusammenhang gestanden hat, sondern nur jenen im Codex M. S. Nr. 3366 enthaltenen fragmentarischen Notizen angehört, in welchen wir Vorarbeiten zur zweiten Redaction erkannt haben. Vollends verfehlt und unzulässig ist aber p. 112—168 die Aufnahme der Vorgeschichte König Friedrichs aus Codex M. S. Nr. 3364, also aus der ersten Redaction, der sie einzig und allein angehört. Allerdings ist, wie wir oben bemerkt haben, anzunehmen, dass es in der Absicht unseres Autors gelegen hat, die in seiner zweiten Redaction gebliebene grosse Lücke mit dieser Vorgeschichte auszufüllen, aber hätte Enea diese Absicht wirklich ausgeführt, so würde er diese Vorgeschichte Friedrichs sicherlich in einer anderen Gestalt in die zweite Redaction hineingearbeitet haben. Denn wir können ihm unmöglich eine solche auffällige Wiederholung zutrauen, wie wir sie jetzt bei Kollar p. 164—168 und p. 418—425 betreffs der Nürnberger Angelegenheit finden [2]). Kollars Verfahren ist also keineswegs zu

---

[1]) Pius II Bd. 2, p. 265, Anmerkung 1.

[2]) Voigt: Pius II Bd. 2 p. 326 und 327 erwähnt bereits diese Wiederholung, erklärt sie aber auf andere Weise, da er den Fehler Kollars nicht erkannt hat. Die von ihm ausserdem erwähnte Wiederholung der Traumerzählungen

rechtfertigen, er überliefert uns dadurch die historia Friderici in einer Gestalt, in welcher sie niemals aus der Feder des Enea geflossen ist. Nach dieser ungerechtfertigter Weise aus der ersten Redaction herübergenommenen Vorgeschichte Friedrichs gibt Kollar den übrigen Teil des Werkes wieder nach der zweiten Redaction (p. 168—476). In diesem Teile halten wir es für gerechtfertigt, dass er p. 307—318 die im Autographon jetzt nicht mehr erhaltene Rede des Enea abdruckt; sie hat in démselben, wie wir oben gesehen haben, aller Wahrscheinlichkeit nach existirt und gehört daher in diesen Zusammenhang. Ebenso richtig ist es, dass er die in der editio princeps fehlende Stelle über die Erziehung des Königs Ladislaus, welche im Autographon vorhanden ist, p. 396—398 der zweiten Redaction wieder einfügt und endlich p. 405—476 den Schluss der Redaction, den die editio princeps nicht enthält, abdruckt. Auch die Aneinanderfügung dieses in den Cod. M. S. Nr. 3366 und 3367 zerstreuten Schlusses der historia Friderici ist richtig, wozu ihm jedenfalls die Notizen des Lambecius den Weg gewiesen haben. Dagegen kann es nicht genug gerügt werden, dass Kollar dem Codex M. S. Nr. 3664 und der in ihm erscheinenden ersten Redaction abgesehen von der aus ihm mit Unrecht entnommenen Vorgeschichte Friedrichs keine Aufmerksamkeit schenkt. Was endlich den Text selbst betrifft, so ist derselbe, soweit wir ihn mit den Handschriften verglichen haben, ziemlich fehlerhaft und zwar beruhen die Fehler desselben meist darauf, dass Kollar sich niemals consequent an die ihm vorliegenden Autographa hält, sondern sich oft auf den Text der editio princeps und der von Gentilotti verfertigten Abschrift verlässt [1]), welche beide ziemlich reich an Fehlern sind. Die editio princeps ist ja nach einer schlechten Abschrift, dem Codex Brisacensis, gedruckt. Auf diese Weise erhalten wir einen vollständig ungleich-

---

findet in der ersten Redaction allerdings statt, sie ist aber nicht so auffällig wie die eben erwähnte und lässt sich leicht aus einer stückweisen Abfassung des Werkes erklären.

[1]) Kollar sagt zwar in der epistola ad lectorem, dass sowol die editio princeps Böclers wie die Abschrift des Gentilotti unzuverlässig seien und er daher immer die Handschriften habe zu Hilfe ziehen müssen. Er tut diess aber niemals consequent, das hat uns ein Vergleich seines Textes mit den Handschriften nur zu oft gezeigt.

mässigen Text, der bald die richtigen Lesarten der Autographa, bald die falschen der editio princeps und der Abschrift des Gentilotti enthält. Hier nur einige wenige Beispiele. Statt Kollar p. 6. Austriam vocavere. Sed primae sententiae etc. soll es nach Codex M. S. Nr. 3365 fol. 1a heissen: Austriam vocavere. Hanc prius aliqui partem Norici fuisse affirmant orientalem, alii Pannoniae portionem occidentalem. Sed primae sententiae etc. Statt Kollar p. 6: qui Pannonibus conformior est, soll es nach Cod. M. S. Nr. 3365 fol. 1a heissen: qui Pannonibus conformior est quam Noricis. Statt Kollar p. 10: Romano Principi nach Cod. M. S 3365 fol. 2a : Romano Pontifici. Statt Kollar p. 24: cum Leopoldum eidem nach Cod. M. S. 3365 fol. 7b: cum Leopoldum ei demonstrasset. Statt Kollar p. 33 feuda sinito nach Cod. M. S. 3367 fol. 11a: feuda sunto. Statt Kollar p. 33: alius ex Vasallis suis electus judex esto nach Cod. M. S. 3367 fol. 11b: ab eo ex vasallis suis electus judex esto. Statt Kollar p. 34: corona punica nach Cod. M. S. 3367 fol. 11b: corona pinnita. Statt Kollar p. 112: Fridericus Imperator Hernesti ducis Austriae filius mortuo patre tutelam ejus et Alberti fratris impuberum Fridericus patruus suscepit, nach Cod. M. S. 3364 fol. 1b: Federicus imperator Hernesti ducis Austriae filius ex Polonia domoque Maxoviae matrem habuit. Mortuo patre tutelam ejus et Alberti fratris impuberum Federicus patruus suscepit [1]). Ebenso verhält es sich mit dem Texte in den späteren Partien der historia Friderici. Alle diese Fehler, welche ebenso in der editio princeps vorhanden sind, hätten vermieden werden können, wenn sich Kollar immer an die Autographa gehalten hätte. Auf eine Verbesserung des Textes können wir uns natürlich nicht einlassen, das ist Sache des künftigen Herausgebers der historia Friderici. Diesem wird vor Allem auch noch die Aufgabe zufallen, die beiden Redactionen, welche, wie wir gesehen haben, grosse und beachtenswerte Verschiedenheiten zeigen, neben einander abdrucken zu lassen [2]). Denn nur auf diese

---

[1]) Hier hat Kollar vielleicht die Stelle im Autographon nicht lesen können, da dieselbe vielfach durchgestrichen und corrigirt ist.

[2]) Wir kommen hier auf eine bereits von Lambecius in dem Catalogus librorum, quos Petrus Lambecius — composuit et in lucem edidit etc. Vindobonae 1673 p. 65 ausgesprochene Ansicht zurück.

Weise allein wird man den richtigen Einblick in die historia Friderici des Enea Silvio erhalten. Dass eine neue Ausgabe sehr erwünscht wäre, wird wol nach den eben gemachten Bemerkungen ausser Zweifel stehen. Auf das Engste mit der Frage nach den beiden Redactionen ist diejenige nach der Abfassungszeit unseres Werkes verbunden und sie sei daher am passendsten gleich hier angeschlossen. Wie aus dem Schluss der Praefatio der ersten Redaction hervorgeht [1], macht sich Enea bald nach der Beendigung des österreichischen Aufstandes, welche wir wohl in der am 4. September 1452 erfolgten und der Bewegung in der Tat einen vorläufigen Abschluss gebenden Auslieferung des Königs Ladislaus Posthumus und nicht erst Anfang 1453 in den Hoftagen zu Wien und Wiener-Neustadt zu suchen haben werden, daran, dieses Ereigniss der Nachwelt zu überliefern. In die letzten Monate des Jahres 1452 und vielleicht noch in den Beginn des Jahres 1453 fällt also die Abfassung der ersten Redaction. Im Verlaufe dieses Jahres wird Enea vielleicht auf seine eigene Veranlassung hin der in der Praefatio zur zweiten Redaction überlieferte Auftrag von Seiten Kaiser Friedrichs zu Teil, die Geschichte des österreichischen Aufstandes zu schreiben. Enea bricht nun in Folge dessen seine private Aufzeichnung ab und macht sich an eine mehr officielle Darstellung dieser Verhältnisse. Diese zweite Redaction der historia Friderici ist aber nicht vollständig in Oesterreich von ihm abgefasst worden. Was er davon am kaiserlichen Hofe ausgearbeitet hat, wird genau ersichtlich aus der in Codex M. S. Nr. 109 des k. k. Staatsarchives zu Wien erhaltenen Abschrift der historia Friderici und den in derselben gemachten Randglossen Hinderbachs. Darnach hat Enea zunächst die Widmung an den Kaiser und den einleitenden Teil: Friderici tertii Romanorum imperatoris qui fuit — moestam ac lectuto cubantem reperit (Kollar p. 6—25) in Oesterreich geschrieben. Mit diesen Worten bricht nämlich fol. 45a der Codex M. S. Nr. 109 ab und finden sich am Rande rechts von der Hand Hinderbachs die Bemerkungen: in curia Imperatoris und darunter: hic dimisit dominus

---

[1] Ich verweise auf die Beilage, welche diese bisher ungedruckte Praefatio enthält.

3

Eneas Senensis, sed postea hystoriam protulit tempore cardinalatus Romae, quae hic addantur. Darunter steht die Zahl 1456, ymo (=immo) septimo, welche, wie das neben ihr befindliche Zeichen andeutet, neben Romae zu setzen ist. Enea unterbrach also hier seine Einleitung und behielt sich die Vollendung derselben für später vor, wahrscheinlich, um noch, so lange er in Oesterreich weilte, so viel als möglich von der Geschichte seines Herrn fertig zu bringen. Denn ebenfalls am Hofe des Kaisers ist der in Codex M. S. Nr. 109 von der Hand desselben Schreibers abgeschriebene Teil der historia Friderici: Friderici dum haec aguntur — dignaque patre Kollar p. 168—386 abgefasst [1]). An der Fortsetzung dieses Teiles wurde Enea unzweifelhaft durch seine im Mai 1455 erfolgte Abreise vom Hofe Kaiser Friedrichs gehindert. In Italien machte er sich dann zur Zeit seines Cardinalates in Rom im Jahre 1457, wie die obige Notiz Hinderbachs uns mitteilt, daran, die übrigen Teile seinem Werke hinzuzufügen. Zunächst mag er dann zu seinem einleitenden Teil den Schluss: quod cum Leopoldus — nunc ad ipsos Australes redeundum Kollar p. 25—112 geschrieben haben. Diess zeigt die Notiz, welche Hinderbach am Schluss dieses von ihm in Codex M. S. Nr. 109 auf fol. 47 a — fol. 49 b und dem folgenden unpaginirten Blatte zum Teil abgeschriebenen Abschnittes der historia Friderici macht: Continuatio et suppletio hystoriae Australium per dominum Pium tunc cardinalem Senensem facta 1457 und darunter: de genere marchionum et origine ducum et privilegiorum eorundem, was den Inhalt des von Hinderbach hier abgeschriebenen Teiles angibt [2]). Ganz dasselbe sagt die Ueberschrift des Codex M. S. Nr. 785 des k. k. Staatsarchives zu Wien: Additamenta hystoriae Australis a principio et in fine ejusdem tempore cardinalatus ipsius, welcher fol. 101 a — fol. 138 b diesen Abschnitt der historia Friderici enthält und wo fol. 101 a. Hinderbach nochmals die Notiz macht: haec est continuatio per felicis recordationis dominum Pium papam

---

[1]) In dieser Gestalt enthalten die historia Friderici einige oben besprochene Abschriften.

[2]) Auf diesem Blatte sind noch zwei Notizen Hinderbachs, welche auf unser Werk Bezug nehmen, die Entzifferung derselben ist mir aber nicht vollständig möglich gewesen.

tempore cardinalatus facta. Die Ueberschrift des Codex M. S.
Nr. 785 zeigt ferner, dass auch der Teil: sed aderat forte Carolus
Marchio Badensis — occupaturus Kollar p. 385—405, welcher
fol. 140 a — 148 a folgt, zur Zeit des Cardinalates geschrieben ist.
Auch hier erscheint wieder fol. 140 a eine Notiz Hinderbachs: continuatio praedictae hystoriae australis in fine ejus . . . Die letzten
Worte derselben sind ganz verwischt und unleserlich, wir können aber
vermuten, dass sie uns wie oben sagen wollten: die continuatio sei zur
Zeit des Cardinalates gemacht. Hat nun Enea schon diesen letzten
Zusatz in Italien als Cardinal geschrieben, so ist gar kein Zweifel,
dass er auch den Schluss des Werkes: Contra Johannes — armis
regna aquiri non legibus Kollar p. 405—476 erst damals hinzugefügt hat. Ob diejenigen Teile desselben, welche mit der historia
Bohemiae übereinstimmen, vor derselben oder erst nach Beendigung
derselben geschrieben sind, mag dahingestellt bleiben; es ist beides
möglich. Da die historia Bohemiae im Juni 1458 im Bade zu
Viterbo [1]) abgefasst ist, so müssten wir als den Endtermin für die
Beendigung der historia Friderici den Sommer 1458 ansetzen.

Also zwischen die Jahre 1452 und 1458 haben wir die Abfassung der beiden Redactionen der historia Friderici zu setzen.
Die erste Redaction ist ganz, von der zweiten der grössere Teil
am österreichischen Kaiserhofe zwischen Ende 1452 und Mai 1455
abgefasst [2]). Die übrigen Teile der zweiten Redaction sind in
Italien in der Zeit des Cardinalates des Enea, das vom 18. December 1456 — 19. August 1458 dauert, hinzugefügt.

Ueber den Titel unseres Werkes sei Folgendes bemerkt. Gehen
wir auf die Handschriften und zwar vor Allem auf die in Wien
befindlichen Autographa zurück, so ist aus denselben für die Titulirung, die etwa Enea selbst seinem Werke gegeben, gar nichts
zu entnehmen. Keines derselben trägt eine Ueberschrift von des

---

[1]) cf. Palacky: Würdigung der alten böhmischen Geschichtschreiber. Neue
Ausgabe. Prag 1869, p. 233 und 234, und Voigt: Pius II. Bd. 2, p. 331.
[2]) Gerade in diesen Jahren hatte Enea zu literarischer Tätigkeit Musse genug; denn wie aus seinen Briefen jener Zeit im Archiv für Kunde österr.
Geschichtsquellen Bd. XVI, Nr. 191 ff. hervorgeht, verweilte er damals
fast unausgesetzt am kaiserlichen Hofe in Wiener-Neustadt und Graz.

Enea Hand. Auch anderswo spricht sich unser Autor nirgends darüber aus, welchen Titel er seinem Werke beigelegt hat. Lambecius behauptet zwar in seinem Briefe an Boecler [1]), Enea spreche es in der Praefatio des ersten Autographons — er meint Cod. M. S. Nr. 3364 und somit die Praefatio der ersten Redaction — deutlich aus, dass er sein Werk historia rebellionis Austriacorum contra imperatorem Fridericum tertium habe überschreiben wollen. Indess geht aus dieser Praefatio hervor, dass Enea, wenn er sagt, er wolle eine historia de hac re (i. e. de rebellione Austriacorum) schreiben, damit nur den Inhalt seines Werkes charakterisirt, damit aber gar keine Andeutung über die Titulirung desselben geben will. Ganz ebenso verhält es sich mit der zweiten Behauptung des Lambecius in demselben Briefe, Enea habe sein verändertes Werk historia rerum gestarum imperatoris Friderici tertii überschrieben. Er beruft sich dabei auf das zweite Autographon — er meint Codex M. S. Nr. 3365 — welches mit folgenden Worten beginnt: Friderici tertii Romanorum imperatoris qui fuit Hernesti ducis Austriae filius scripturo mihi res gestas haud ab re visum est etc. Auch hier ist einzig und allein vom Inhalt und nicht vom Titel des Werkes die Rede. Aus den Autographis ist also gar nichts für diese Frage zu entnehmen. — Eine Notiz über unser Werk finden wir in dem 1458, also nach der historia Friderici verfassten Werke des Enea: de statu Europae sub Friderico III oder einfach Europa Cap. XVI [2]): Austriam describere hoc loco haud necessarium existimamus, de qua propriam historiam [3]) edi-

---

[1]) Kollar, p. 484.

[2]) Bei Freher: Scr. rer. Germ. ed. Struve Tom. II, p. 108. Uebrigens muss es hier: haud necessarium und nicht bloss necessarium heissen.

[3]) Hier verweist der Herausgeber auf eine epistola unseres Autors (Enea) 365. Es ist mir bisher nicht möglich gewesen zu eruiren, nach welcher der zahlreichen Ausgaben der Briefe des Enea dieses Citat sich richtet. Sollte etwa dieser Brief eingehender über unser Werk handeln? Es wäre leicht möglich, da wir sonst in Briefen des Enea Nachrichten über andere seiner Werke haben: so über seine zweiten Commentarien des Basler Concils in dem Briefe an Carvajal bei Fea: Pius II Pont. Max. a calumniis vindicatus Romae 1823, p. 146, 147, über sein Werk: de viris illustribus in dem Briefe vom 28. Nov. 1444 bei Voigt: Briefe des Enea, im Archiv für Kunde österr.

dimus. Ohne allen Zweifel verweist Enea damit auf unser Werk; indess ist daraus für den Titel ebenfalls nichts zu entnehmen. Der Nächste, welcher von unserem Werke spricht, ist der Fortsetzer desselben Johann Hinderbach, Bischof von Trient. Er sagt in der Einleitung zu seiner Fortsetzung [1]) der historia Friderici: Mandasti clementissime Caesar, ut historiam Orientalium regni Teutonorum, quos Orientales appellant, quam olim Aeneas etc. Daraus geht hervor, dass Joh. Hinderbach, der Zeitgenosse des Enea, dem Werke die Benennung „Geschichte der Oesterreicher" gegeben hat und so finden wir ja auch in den oben citirten Randglossen Hinderbachs das Werk immer historia Australium und einmal historia australis genannt. Und darauf müssen wir uns nun bei Behandlung der Titelfrage überhaupt beschränken, zu constatiren, welche Benennungen im Verlaufe der Zeit dem Werke gegeben wurden und welche derselben schliesslich die allgemein herrschende geworden ist.

Zunächst haben wir hier die Ueberschriften zu verzeichnen, welche die Autographa der k. k. Hofbibliothek zu Wien von anderen Händen erhalten haben. So trägt Cod. M. S. Nr. 3364 die Ueberschrift: Historiae initium. Cod. M. S. Nr. 3365 von der Hand eines gewissen Joan. Sambuci: Initium commentariorum A. S. de Friderico III rebusque Austriacis. Cod. M. S. Nr. 3366: de Friderici III Romam profectione et bello etc. Cod. M. S. Nr. 3367: Ista est manus propria Aeneae Silvii in Pont. max. Pii secundi continet historiam regis Ladislai et Friderici tertii. In Cod. M. S. Nr. 3362 einer Abschrift des XVI. Jahrhunderts finden wir zuerst den Titel historia Friderici.

Trithemius ferner verzeichnet in seinem Werke: de scriptoribus ecclesiasticis Coloniae 1546 p. 327 unter den Werken des Enea ein: historiarum opus imperfectum, worunter entschieden unser Werk zu verstehen ist. Cuspinianus nennt das Werk in seiner Austria, Basileae 1553, p. 592: Austria. An anderen Stellen nennt er es: historia Austriae de Friderici gestis, historia de rebus Friderici Caesaris. [2]) Boecler in seinem Briefe an Lambe-

---

Geschichtsquellen, Bd. XVI. p. 360, Nr. 133; über seine Europa in dem Briefe vom 29. Nov. 1458 bei Freher: a. a. O. p. 83.

[1]) Kollar, p. 555.

[2]) cf. Boeclers adnotationes bei Kulpisius p. 124 und bei Kollar p. 485.

cius [1]) spricht von der historia des Enea. Lambecius endlich gebraucht in seinen Ueberschriften und Notizen in den Codices der k. k. Hofbibliothek zu Wien, ferner in der von ihm veranlassten Abschrift Cod. M. S. Nr. 9020, im Briefe an Boecler [2]) und so oft er von unserem Werke spricht, immer den Titel: historia Austriaca. Wir sehen aus dieser Zusammenstellung, dass die Titulirung unseres Werkes lange Zeit eine schwankende, unsichere und vollkommen willkürliche gewesen ist. Erst die editio princeps von 1685 hat dem ein Ende gemacht, indem sie den Titel: historia rerum Friderici Tertii Imperatoris oder historia Friderici Tertii Imperatoris einbürgerte. Ihr sind die späteren Ausgaben gefolgt, so dass dieser Titel jetzt der allgemein gebräuchliche ist. Aus diesem Grunde haben auch wir ihn bei unserer Untersuchung beibehalten, wenn wir auch nicht behaupten können, dass Enea selbst oder seine Zeitgenossen ihn je gebraucht haben, vielmehr die Angabe des Joh. Hinderbach eher auf eine andere Titulirung hinweist.

Die Veranlassung zu dem Werke war eine doppelte; verschieden nach den beiden Redactionen, die wir gesondert haben. Zu der ersten Redaction gab, wie Enea in der Praefatio zu derselben ausspricht, den Anstoss das historisch-politische Interesse, welches ihm die Wichtigkeit des österreichischen Aufstandes einflösste. Die Entstehung der ersten Redaction liegt also in dem freien Entschlusse unseres Autors. Später kam dann ein Auftrag König Friedrichs hinzu, die Geschichte des Aufstandes der Nachwelt zu überliefern; und in Folge dieses Befehles machte sich Enea nach Beiseitelegung seiner ersten Aufzeichnung an die folgende Redaction. Er spricht sich über diesen ihm gewordenen Auftrag in der Praefatio zu der zweiten Redaction in folgender Weise aus: [3]) der Kaiser habe ihm vor einiger Zeit, als er mit seiner Umgebung des Aufstandes und Krieges der Oesterreicher gedachte, den Auftrag gegeben, diesen Krieg nach seinem Ursprung und Abschluss zu beschreiben, mit der ausdrücklichen Versicherung, er lege Wert darauf, jene Ereignisse der Nachwelt zu über-

---

[1]) Bei Kollar in der epistola ad lectorem.
[2]) Kollar, p. 483 ff.
[3]) Kollar, p. 3 ff.

liefern, obgleich er an Ruhm dabei nichts zu ernten habe. Wir
haben keinen Grund daran zu zweifeln, dass diese Aufforderung
von Seite des Kaisers wirklich an Enea ergangen ist, er damit
nicht bloss eine leere Phrase hinwerfen wollte. Fraglich könnte
es sein, ob es der Kaiser aus freiem Antriebe getan, oder ob er
von Enea, der sich gerade mit dem Gegenstande beschäftigte,
dazu veranlasst worden ist. Jedenfalls ist die Aufforderung von
Seite des Kaisers erfolgt, der deutlichste Beweis dafür ist der
officielle Charakter der letzten Redaction. Sie ist eben durch und
durch von diesem kaiserlichen Auftrage beeinflusst. Enea legt sich
sodann — in eben dieser Praefatio — den ihm zu Teil gewordenen
Auftrag dahin zu recht, dass der Kaiser wol die Absicht habe,
durch die Erzählung dieser für ihn wenig erfreulichen Verhältnisse
seinen Enkeln ein nützliches Beispiel aufzustellen. Dazu habe er
aber einer wahrheitsgetreuen Darstellung bedurft und um diese
zu erlangen, habe sich der Kaiser an ihn gewandt. In dieser
Interpretation der kaiserlichen Absichten zeigt sich Eneas Eitel-
keit in ziemlich grellem Lichte. Enea will dem Wunsche Friedrichs nachkommen und obgleich er mit der Meinung des Kaisers
darin übereinstimme, dass ein unbeständiger Ruhm eher zu ver-
abscheuen als zu suchen sei, so glaube er doch andererseits auch
bei seiner Erzählung Vieles über des Kaisers Klugheit und Mässi-
gung schreiben zu können. Allerdings als kühnen Kämpfer könne
er ihn nicht schildern, wol aber als Bezähmer der Leidenschaften.
Mit welcher Ironie Enea hier von der Haltung Friedrichs während des österreichischen Aufstandes spricht, ist schon oben angedeutet worden. Ob Friedrich wirklich solche Gedanken bei seiner
an Enea gerichteten Aufforderung gehabt hat, wie ihm dieser
unterschiebt, mag dahingestellt bleiben. Vielleicht sind es auch
ganz andere Motive gewesen, die ihn dazu bewogen haben, die
Abfassung eines solchen Werkes gerade einem Manne, wie sein
Secretär war, zu übertragen. Vielleicht hoffte der Kaiser durch
ihn am günstigsten bei einer Darstellung jener traurigen Ereignisse beurteilt, durch ihn am meisten vor der Welt gerechtfertigt
zu werden. Nach einigen Wendungen, in denen sich Enea als
eigentlich unfähig zur Ausführung des Werkes hinstellt, gehorcht
er doch schliesslich dem Befehle seines Herrn.

Der Plan Eneas gieng bei der ersten Redaction, wie diess die dazu gehörige Praefatio zeigt, zunächst dahin, das sogenannte bellum Australicum nach seinem Ursprung und Ende zu beschreiben. Um aber die österreichische Bewegung in den Zusammenhang der Ereignisse zu bringen, sendet Enea nach der Praefatio eine Vorgeschichte König Friedrichs voraus und kann auch nicht umhin, sobald er an den Hauptteil seines Werkes gelangt, die mit dem österreichischen Aufstand eng verknüpfte Romfahrt Friedrichs mit in sein Werk hineinzuziehen. Bei der Darstellung aller dieser Ereignisse ist eine bestimmte Tendenz unseres Autors nicht zu verkennen. Er erzählt nicht alle wichtigen Ereignisse seiner Zeit, sondern wählt wie mir scheint gerade diejenigen aus, an denen er selbst Anteil genommen und bei denen er Einfluss geübt hat. Ich brauche hier nur in der Vorgeschichte Friedrichs an die kirchlichen Verhältnisse, an die Mailänder Angelegenheit, an den deutschen Fürsten- und Städtekrieg, bei dessen Abschluss wenigstens Enea beteiligt ist, zu erinnern, während er Ereignisse wie die burgundische Angelegenheit, welche in den vierziger Jahren spielt, die Schweizer Händel derselben Jahre, das Verhältniss Kaiser Friedrichs zu Herzog Sigismund von Tirol, worüber er als kaiserlicher Secretär ohne Zweifel gute Nachrichten hatte und die an und für sich sehr bedeutende Ereignisse waren, keines Wortes würdigt. Sie liegen ihm eben fern, weil er dabei keine einflussreiche Rolle spielte. Dasselbe ist bei dem übrigen Teil unseres Werkes zu bemerken. So dankbar wir nun Enea einerseits für diese Auswahl sein müssen, indem er uns so über Ereignisse unterrichtet, über welche er in Folge eigenen Anteils die besten Kenntnisse besitzen musste, so lässt sich andererseits nicht verkennen, dass ihm Veranlassung dazu jedenfalls auch das Streben nach Selbstapologie gegeben hat. Sein Einfluss war gewiss gross, ob aber Eneas Person bei all' diesen Dingen so sehr in den Vordergrund trat, wie er es darzustellen liebt, kann zweifelhaft sein. Durch diese Tendenz erhält das Werk mehr den Charakter von Memoiren über des Enea eigenen Anteil an der Politik seiner Zeit und seines Herrn. Wie bekannt, bricht die erste Redaction mitten in der Darstellung des österreichischen Aufstandes ab.

Eine ganz gleiche Aufgabe, wie sie sich Enea bei seiner
ersten Redaction selbst gestellt hat, wird ihm auch durch den
Auftrag des Kaisers zu Teil, der von ihm verlangt: bellum (sc.
Australicum) unde ortum et quo pacto finitum esset, ut scriberet
(sc. Aeneas). Doch fasst er bei Ausführung des in Folge dieses
Auftrages neu verfassten Werkes einen viel weitgehenderen Plan
wie früher. Er fixirt ihn in der Praefatio zur zweiten Redaction
folgendermassen: [1) quoniam transgredi libet nimiumque praesu-
mere non solum hoc bellum Australicum, sed alia quoque de tua
vita quamplurima simulque tuae domus originem et quae nostris
gesta temporibus in Europa didicimus memoratu digna in unam
historiam congregemus. Zur stricten Ausführung ist dieser Plan
indess nicht gekommen. Von der origo des kaiserlichen Hauses
finden wir in dem Werke keine Spur. Denn jener Excurs über
die österreichischen Markgrafen und über die Staufer kann doch
dem nicht entsprechen. Enea hätte, um seinen Plan durchzuführen,
über die Dynastie des Kaisers, also über die Habsburger schreiben
müssen und nicht wie er getan sich mit einer Abhandlung über
eine Anzahl Vorgänger Friedrichs in der Regierung Deutschlands
begnügen dürfen. Vielleicht wollte er nach den Staufern noch
auf die Habsburger übergehen, hat es aber unterlassen, weil ihm
der Excurs über jene schon zu lang geworden war und bricht ab,
um endlich auf die Geschichte Kaiser Friedrichs zu kommen. Der
zweite Vorsatz, neben dem österreichischen Aufstand auch noch
andere Ereignisse aus dem Leben Friedrichs und aus der euro-
päischen Geschichte jener Zeit zu behandeln, ist dehnbar genug,
und Enea hat ihn auch in hinreichendem Masse ausgenützt. Neben
der Geschichte des österreichischen Aufstandes finden wir ja die
ausführlichsten Berichte über die Romfahrt Friedrichs sowie über
die Schicksale des Königs Ladislaus Posthumus nach seiner Frei-
lassung und über seine Erbländer. Ausserdem hat ja Enea auch
die Vorgeschichte Friedrichs unzweifelhaft in diese Redaction hinein-
arbeiten wollen. Bei der Auswahl dieser Ereignisse waltet die oben
bezeichnete Tendenz abermals vor.

[1) Kollar, p. 5 und 6.

Wie wir sehen, ist der in der Praefatio gefasste Plan nicht vollständig zur Durchführung gekommen. Das Werk hat keineswegs jene vollkommen abgerundete und vollendete Gestalt erhalten, in welcher es dem Autor vorgeschwebt hat. Wir dürfen daher wol annehmen, dass er eine endgiltige Durchsicht und Feile sich noch vorbehalten hat. Vielleicht hinderte ihn daran sein grossartiger Plan eines geographisch-historischen Kosmos, den der unermüdliche Schriftsteller gerade im Jahre 1458 auszuführen begann, [1] als der Schluss der zweiten Redaction der historia Friderici erfolgte.

An dieser Stelle endlich können wir es uns nicht versagen, noch eine Vermutung auszusprechen, die sich uns immer wieder aufgedrängt hat. Beachten wir nämlich die bei Kollar p. 29 und 30 von Enea gefällte Charakteristik Ottos von Freising als Historiker, ferner den Umstand, dass Enea dessen Werke bei Erwähnung seiner Persönlichkeit genau aufzählt (bei Kollar p. 29), also gekannt hat, dieselben bei seinem Excurs über die Apenninen (bei Kollar p. 248) noch einmal anführt, endlich sie in dem einleitenden Teil der historia Friderici in der umfassendsten Weise benützt und ausgeschrieben hat, so verrät diess alles eine so genaue Kenntniss und zugleich Vorliebe für Otto, dass wir es als nicht zu fernliegend betrachten, wenn wir annehmen, dieser habe dem Enea bei der Abfassung seiner historia Friderici zum Vorbild gedient. Dazu kommt noch, dass eine gewisse Aehnlichkeit zwischen den beiden Autoren und ihren Werken nicht zu verkennen ist. Beide schreiben die Geschichte ihrer kaiserlichen Herren, beide haben streng kaiserlichen Standpunkt, ohne je in ihren Werken Panegyriker zu werden, beide haben eine reiche Bildung genossen, sind in der Welt vielfach herumgekommen, in den Geschäften des Reiches sind beide wol bewandert, beide geniessen das Vertrauen ihrer Herrscher, stehen denselben der eine verwandtschaftlich, der andere persönlich nahe, beide sind endlich Bischöfe des Reiches. Auch in der Form ihrer Werke — wir vergleichen natürlich die gesta Friderici mit unserem Werke — ist eine gewisse Aehnlich-

---

[1] Enea hat dieses Riesenwerk nie vollendet; als Bruchstück desselben erscheinen seine Europa und Asia, cf. Voigt: Pius II, Bd. 2, p. 333 ff.

keit nicht zu leugnen. Beide suchen nämlich ihren Werken ein
festes Fundament dadurch zu geben, dass sie die von ihnen zu
behandelnden Verhältnisse in den Zusammenhang der Ereignisse
bringen, beide berichten chronologisch ziemlich genau, beide lieben
es, Actenstücke in ihre Werke aufzunehmen und ihre Personen
redend einzuführen. Unter allen Umständen ist unverkennbar,
dass Otto von Freising dem Enea als Muster eines Historiographen
vorgeschwebt hat; erreicht hat er dasselbe allerdings lange nicht,
mag er ihm in der Form auch noch so überlegen sein.

III. Capitel.

Inhalt, Form und Quellen des Werkes.

Haben wir in dem letzten Capitel die Entstehungsgeschichte
der historia Friderici an unseren Augen vorübergehen lassen, so
bleibt uns jetzt nur noch übrig, Inhalt und Form derselben zu
charakterisiren und über die Quellen Einiges hinzuzufügen.

Was den Inhalt betrifft, so haben wir hier abermals zwischen
den beiden Redactionen zu unterscheiden. In der ersten schliesst
sich an die Praefatio sofort die Vorgeschichte König Friedrichs
an. Den Ausgangspunkt für diese Darstellung zeitgeschichtlicher
Begebenheiten bildet, wenn wir von den kurzen Notizen über die
Zeit der Vormundschaft Friedrichs, über den Beginn seiner Regierung, seine Pilgerfahrt nach Jerusalem und seine Vormundschaft über Herzog Sigismund von Tirol absehen, der Tod König
Albrechts II [1]) am 27. October 1439. Es folgen nun ganz kurze
Berichte über Ereignisse, welche die Jahre 1440—1445 ausfüllen.
Sie sind der mannigfachsten Art. Zum Teil beschränken sie sich
auf die österreichischen Lande wie die Verhandlungen, welche
sich an die Geburt des Königs Ladislaus Posthumus anschliessen,
wie die Streitigkeiten zwischen König Friedrich IV und seinem
Bruder Herzog Albrecht VI, ferner die ungarischen Zustände jener

---

[1]) Kollar, p. 113.

Periode, König Friedrichs vormundschaftliche Regierung in Oesterreich und ungarisch-österreichische Grenzstreitigkeiten, oder sie
greifen über in die Reichsgeschichte, wie die Wahl Friedrichs zum
römischen König, die kirchlichen Verhältnisse, die Krönungsreise
König Friedrichs durch Deutschland, der Nürnberger Reichstag
von 1444 und die auf demselben ventilirte Frage über die Ar-
magnacs, oder sie gehören in die allgemein europäische Geschichte,
wie der Türkenkrieg und die unglückliche Schlacht bei Varna.
Immer bleibt aber die Darstellung dieser Ereignisse eine sehr ge-
drängte, teilweise geht sie über notizenhafte Angaben nicht hinaus.
Etwas ausführlicher beginnt sie zu werden, wie Enea auf die kirchlichen Verhältnisse der Jahre 1446—1448 zu sprechen kommt, die
er im Zusammenhange erzählt [1]) und auf die mailändische Angelegenheit der Jahre 1447—1450 [2]), an welche sich Berichte über Grenz-
räubereien der Ungarn unter Pancraz von Galicz und über den deutschen Fürsten- und Städtekrieg, vornämlich aber Albrecht Achills
und Nürnbergs anschliessen [3]), welche Ereignisse in den Jahren 1449
und 1450 spielen. In ein ganz neues Stadium tritt dann die Darstellung nach Beendigung dieser Vorgeschichte, wo die Schilderung
jener Begebenheiten anhebt, welche durchaus den Mittel- und Kern-
punkt des ganzen Werkes bilden, nämlich die Romfahrt, Kaiserkrönung und Vermälung Friedrichs und die damit so eng verbun-
dene österreichische Bewegung, bei deren Schilderung die erste
Redaction jedoch in dem Briefe Ungnads an Eizinger abbricht. Die
Darstellung lässt hier an Ausführlichkeit nichts zu wünschen übrig.

Die zweite Redaction enthält nach der Widmung an den Kaiser
die Topographie Oesterreichs mit ausführlichen geographisch-cul-
turhistorischen Schilderungen des Landes und seiner Hauptstadt
Wien [4]), ferner einen Abriss der österreichischen Geschichte in den
ältesten Zeiten und unter den Markgrafen, woran ein Excurs über
die Staufer angeschlossen wird [5]). Enea motivirt diesen mit der

---

[1]) Kollar, p. 120 - 139. Nur p. 130 werden sie durch den kurzen Bericht über
   den Kriegszug des Gubernators von Ungarn gegen Oesterreich unterbrochen.

[2]) Kollar, p. 139—163.

[3]) Kollar, p. 163—168.

[4]) Kollar, p. 7—14.

[5]) Kollar, p. 14—112.

Verwandtschaft der Staufer und der österreichischen Markgrafen
unter einander [1]) und nachdem er ihn mit ziemlicher Ausführlichkeit
bis auf den Tod Conradins geführt hat, springt er plötzlich mit der
Wendung nunc ad ipsos Australes redeundum über auf die Geschichte
Kaiser Friedrichs III, ob aus Mangel an Quellen und aus Unkenntniss
über die dazwischenliegende Zeit oder weil ihm der ganze Excurs
schon zu stark unter den Händen angewachsen war, können wir
nicht sagen. Wie bereits zu wiederholten Malen erwähnt, geht
Enea in dieser Redaction sogleich über zur Darstellung der Romfahrt, Kaiserkrönung und Vermälung Friedrichs und der damit
parallel laufenden österreichischen Bewegung, welche in den Hoftagen zu Wien und Wiener-Neustadt zugleich mit dem deutschen
Fürsten- und Städtekrieg wenigstens ihren vorläufigen Abschluss
gewinnt. Es umfasst dieser Zeitraum die Jahre 1449—1453. Den
Schluss des Werkes bildet dann die Geschichte des Königs Ladislaus Posthumus und seiner Erblande von 1453—1457, dem Todes-
jahr des jungen Königs, worauf Enea nur noch in aller Kürze
die verschiedenen Prätendenten um den Besitz der österreichischen
Erblande nennt und die Erhebungen des Georg von Poděbrad und
des Mathias Corvinus zu Königen von Böhmen und Ungarn hervorhebt. Diese erfolgen am 2. Januar 1458 und am 2. März desselben Jahres. — Es umfasst daher das ganze Werk in seinen beiden
Redactionen die Jahre 1439—1458. An Reichhaltigkeit lässt es,
wie wir aus diesem Ueberblick ersehen, nichts zu wünschen übrig:
Reichsgeschichte wie österreichische Specialgeschichte sind in ihm
vertreten, letztere entschieden überwiegend.

Gehen wir nun über zu der Form des Werkes. Enea folgt
bei seiner Darstellung im grossen Ganzen dem chronologischen
Gange der Ereignisse, selten jedoch führt er bestimmte Zeitangaben
an. Auch innerhalb der einzelnen Jahre gruppirt er die Ereignisse
nach Monaten. Diess gilt indess nur von den kleineren Berichten.
Erzählt er — wie es ja meist der Fall ist — grössere Ereignisse
in fortlaufender Darstellung, wie die kirchlichen Verhältnisse
der vierziger Jahre, die Mailänder Angelegenheit und endlich die
Romfahrt, Kaiserkrönung und Vermälung Friedrichs, die öster-

---

[1]) Kollar, p. 36 und 112.

reichische Bewegung und die an sie sich anschliessenden Begebenheiten in den österreichischen Erblanden, so muss dem inneren
Zusammenhange die nach Jahren und Monaten eingehaltene chrono-
logische Reihenfolge weichen. Er greift daher, um eng zusammen-
gehörige Ereignisse nicht zu zerreissen, über die Zeit, wo andere
Begebenheiten ihren Anfang nehmen, hinaus und muss dann bei
der Schilderung dieser wieder zurückgreifen. An einer Stelle p. 146
bemerkt er diese seine Darstellungsweise selbst, wenn er sagt: hic
quoniam res Mediolanensis coepta est, cum Caesar duabus vicibus
postea illuc legatos miserit, usque ad finem prosequenda res
videtur [1]. Nur an einigen Stellen verstösst Enea gegen die chrono-
logische Anordnung und darüber wird bei der Einzeluntersuchung
berichtet werden.

Dass das Werk kein einheitlich durchgearbeitetes Ganze vor-
stellt und noch einer Schlussredaction bedurfte, ist schon hervorgehoben worden. An diesem Platze wollen wir nur noch die charak-
teristischen Seiten der Darstellung unseres Autors beachten [2]. Wir
haben es in der historia Friderici, wie in allen Werken des Enea,
durchwegs mit einer äusserst lebendigen und interessanten Behandlung des Stoffes zu tun. Enea hat wie bei der Abfassung seiner
übrigen Werke auch in der historia Friderici das Streben, seinen
Lesern die Darstellung so anziehend als möglich zu machen und
er sucht dieses Ziel auf verschiedenen Wegen zu erreichen. So ist
es eine bei ihm sehr beliebte Art und Weise, die auftretenden Personen redend einzuführen. Er nimmt dabei zum Teil ganze wirklich
gehaltene Reden in sein Werk auf wie seine eigene in Rom gehaltene [3], teils fabricirt er dieselben eigenmächtig aus den ihm
vorliegenden Actenstücken, worüber wir bei der Einzeluntersuchung
eingehender zu reden haben werden. Dann ist es eine bei Enea
durchgehende Tendenz, jede in die Handlung neu eingreifende
Persönlichkeit, wenn sie irgendwie eine Bedeutung hat, zu charak-

---

[1] Es beweist diese Stelle zugleich, dass Enea das Bestreben hatte, chronologisch bei seiner Darstellung vorzugehen, dasselbe aber dem pragmatischen
Zusammenhange der Ereignisse zum Opfer bringt.

[2] Man vergl. hierüber Voigt: Pius II, Bd. II, p. 315 ff.

[3] Kollar p. 307 ff.

terisiren und diese Charakteristiken sind uns darum von so grossem Wert, weil sie uns einmal gegeben sind von Personen, die unser Autor mehr oder weniger kannte, und dann von einem Manne wie Enea, der eine so feine Beobachtungsgabe und Menschenkenntniss besass. Sie tragen in Folge dessen auch gar nichts Formelhaftes an sich, wie wir diess bei den Schriftstellern des früheren Mittelalters nur zu häufig finden. Aus der ungemein reichen Fülle von solchen Charakteristiken, mit denen Enea seine historia Friderici beschenkt hat, sei nur folgende Auswahl getroffen. Wir finden ausführlichere Charakterschilderungen über die Päpste Eugen IV p. 134, 135 und Nicolaus V p. 138, über fürstliche Personen wie die Kaiserin Barbara p. 181, 182, die Kaiserin Leonore, Gemalin Friedrichs III p. 265, 266, König Alphons von Neapel-Sicilien p. 297. 298, Herzog Franz Sforza p. 152, Herzog Wilhelm von Sachsen p. 413, über berühmte Persönlichkeiten aus Deutschland, Oesterreich und Italien wie Bischof Sylvester von Chiemsee p. 424, Gregor von Heimburg p. 123, die Grafen Ulrich und Friedrich von Cilly p. 213—215, Johann Hunyadi p. 374, 375, Ulrich Eizinger p. 183, 184, Capistrano p. 179, 180. Daneben sind kürzer gehalten die von Friedrich III p. 298, Herzog Albrecht VI p. 183, Markgraf Carl von Baden p. 386, Markgraf Ludwig von Mantua p. 235, Georg von Poděbrad p. 181, Fortebraccio p. 154. Kleinere charakterisirende Notizen finden wir fast bei allen Persönlichkeiten. die in unserem Werke erscheinen. Endlich seien noch Charakteristiken erwähnt wie die der Wiener p. 12 ff., des österreichischen Adels p. 194 und der Oesterreicher überhaupt p. 398, 399.

Ein anderes Mittel der Ausschmückung seiner Darstellung ist die von ihm sehr geliebte Einschiebung von Episoden. Wir wollen hier als solche hervorheben die den Charakteristiken beigegebenen Biographien der Päpste Eugen IV p. 133, 134 und Nicolaus V p. 137, 138, des Königs Alphons von Neapel-Sicilien p. 298, der Markgrafen von Este 334 ff, der beiden Sforza und des Fortebraccio p. 152—160, der Grafen Ulrich und Friedrich von Cilly p. 213—216, des heil. Bernhard von Siena p. 173—176, des Cardinals Bessarion p. 241, 242, oder Episoden rein historischen Inhaltes wie die Geschichte Mailands von den ältesten Zeiten bis zum Tode des Herzogs Philipp Maria p. 140—146,

48

oder geographisch - historischen und geographisch - antiquarischen
Inhalts wie die Schilderungen von Wien p. 7 ff., Nürnberg 164,
165, Leibnitz an der Mur p. 260, Canale in Oberitalien p. 229 ff,
ferner Bologna p. 236 ff., Florenz p. 240, 241, 250. Siena
p. 243 ff. Rom p. 275. Ferner erwähnen wir noch besonders seinen
Excurs über die Apenninen p. 248 ff, in welchem seine ausgezeich-
nete geographische Anschauung hervortritt. Endlich hat er für
culturhistorische und für juristische Dinge einen fein ausgebildeten
Sinn [1]).

Ferner um seiner Darstellung Abwechslung zu verleihen, vielleicht aber auch aus eigenem Haug dazu, ergeht sich Enea oft in
breiter Erzählung kleinerer Vorfälle und anekdotenhafter Ereignisse.
So berichtet er ungemein ausführlich den am Reichstag zu Frankfurt
1447 bei der Eröffnungsmesse entstandenen Streit p. 126 ff., Un-
glücksfälle, die sich zur Zeit des Jubiläums in Rom und im Gebiete von Verona zugetragen haben p. 173, 174, Streitigkeiten
beim Einzuge König Friedrichs in Rom p. 278, 279, über einen
Zwischenfall, der durch einen gewissen Caspar, den Erzieher des
Königs Ladislaus, herbeigeführt ward p. 324 ff, über einen Vor-
fall mit dem Grafen von Schaumburg p. 342 ff, eine Anekdote
über Herzog Wilhelm von Sachsen p. 413, 414. — Aber auch seine
Lascivität tritt an mehreren Stellen hervor; durch sie sucht er
seine Erzählung pikant zu machen.

Wenn wir hier noch die Quellen, welche Enea bei der Abfassung der historia Friderici zu Gebote gestanden haben, im All-
gemeinen erwähnen, so müssen wir zwischen jenen Teilen des Werkes
unterscheiden, in welchen vergangene Zeiten behandelt werden und
denjenigen, wo uns unser Autor Zeitgeschichte liefert. Unter den
ersteren verstehen wir die Berichte über die älteste Geschichte
Oesterreichs und den Excurs über die Staufer. Jene schöpft er
aus einer alten Chronik, deren Verfasser er nicht kennt, die wir
aber in der des Heinrich von Gundelfingen wiederfinden, der wiederum seine Nachrichten aus dem Lateinischen eines gewissen
Mathäus entnommen hat [2]). Beim Excurs über die Staufer folgt

---

[1]) Wir verweisen hier auf das oben erwähnte Buch von Gengler.
[2]) Bei Pez: Scr. rer. Aust. Tom. I p. 1048 und Kollar: Anal. I, p. 743.

er Otto von Freising und dessen Fortsetzern; sobald diese ihn im Stiche lassen, werden seine Nachrichten über die letzten Staufer viel spärlicher, und es dürfte schwer sein, ihm hier seine Quellen nachzuweisen [1]). Für die Darstellung der Zeitgeschichte waren dem Enea Hauptquelle stets die eigenen Erlebnisse und Erfahrungen, daneben verwendet er am Hofe cursirende Nachrichten und Gerüchte, wie er p. 119 selbst sagt, ferner wenn er fern von den Ereignissen lebt, Briefe seiner Freunde, wie er an zwei Stellen (Kollar p. 189 und 471) erwähnt. Endlich benutzt er noch in ausreichendem Masse Actenstücke.

Auf das Einzelne können wir bei dieser Frage hier nicht eingehen, darauf wird in dem zweiten Teil oft genug hingewiesen werden.

---

[1]) Wir haben auf eine nähere Vergleichung mit Otto v. Freising und dessen Fortsetzern, sowie eine Untersuchung der dem Enea für den Schluss des Excurses über die Staufer vorgelegenen Quellen absichtlich verzichtet, weil uns diess hier zu weit führen würde. Von literarischem Interesse wäre es allerdings.

Beilage.

Praefatio der ersten Redaction der historia Friderici III Imperatoris.

(Nach dem Autographon Codex M. S. Nr. 3364 hist. prof. 317 der k. k. Hofbibliothek zu Wien fol 1a — fol. 1b.)

Hystoriarum scriptores, qui veraces sunt, rei publicae maximo esse adjumento, nemo sapiens infitias ibit. Quis enim non utile dixerit, res majorum gestas nosse minores? Quid est, quod consilia senum probare solemus, nisi quoniam his plus credimus, quos plura vidisse noscimus? Prudentia namque experimento comparatur, cujus incapaces aiunt juvenes, quia non multa experiri aut videre potuerunt. Verum mortalis vita cum raro centum annos transgrediatur, neque multum est, quod homines sapere possint, nisi historias lectitent, quae non centum annorum, sed mille et totius aevi, quo mundus extat, res gestas ante oculos ponunt. Hinc libri Moysi (sic!) nobis ortum mundi, creationem hominis, aquarum diluvium, patriarcharum vitam, captivitatem populi vel servitutem Isdrael et liberationeum, ac deserti cultum, et legis divinae datas tabulas referunt, post judicum gesta, et regum acta, tum ipsis libris tum profetarum noscimus. Omitto Josuae, Ruth, Salamonis libros, Hester, Judit et Esdra, vel Machabeos et Job — quanta nobis in illis documenta sunt — et Thobia. Quid evangelium aliud est quam historia? Hinc salvatorem natum, baptizatum, praedicantem, signa facientem discimus, post captum, flagellatum et morti traditum, inde surrexisse a mortuis, et confortatis

discipulis ad coelos ascendisse. Quid actus apostolorum, ascensum
in coelum domini refert, et missionem spiritus sancti, martirium
Stephani, vitam Petri, et Pauli conversionem atque praedicationem?
Quin et Pauli epistolae saepe historiam texunt. Quanta hinc uti-
litas est, et quis haec sine historia nosset? Nonne caeci essemus,
et unus hoc alius illud crederet? Ceterum ut de saecularibus di-
cam! Trojanum bellum, Alexandri magni victorias, Assiriorum
mutationes, Egiptiorum regimina, Graecorum vitas, Carthaginen-
sium praelia, Romanorum triumphos, et missum sub legibus orbem,
historiae tradunt, hae nobis omnem vetustatem ante oculos ponunt.
Atque ut vitiosi et perfidi homines male evaserunt, boni vero bene
habuerunt, ostendunt, nobisque exemplum dant, ut fugientes vitia
virtutes sectemur, docentque nos, ut in bello, ut in pace debemus
regere, ut imperare, ut parere, ut parentibus, ut patria, ut ami-
cis, ut civibus, ut conjugio, ut liberis uti debemus, ut divitias
ferre, ut pauperiem tolerare, et quid asper utile nummus habet, [1])
ut religionem, ut pietatem colere oportet. Recte igitur hystoriam
commendans orator: historia, inquit, testis temporum, lux veri-
tatis, magistra vitae, nuntia vetustatis. Non ergo inutiliter aut
inepte laborat, qui dat operam historiae. Cui rei insudavimus, [2])
ut pro virili nostra [3]) proficeremus posteritati, quando non nobis
nati, sed communitati orbis potius simus. Nunc quoque cum ad-
versus Federicum Caesarem nonnulli ex Austria arma sumpsissent,
atque Novam civitatem obsedissent, quamvis non hoc primum est,
quod subditi contra dominos suos [4]) bella gerant — nam et Gan-

---

[1]) cf. Persius III, 69.

[2]) Auf diese Weise glauben wir hier den Text des Enea verbessern zu müssen.
In demselben heisst es nämlich: Cui rei etsi nos non aliquem conpetentem
possimus stilum tradere, tamen quia utcumque res se habet, insudavimus,
ut pro etc. Die Worte conpetentem - habet sind von der Hand des Enea
wieder durchgestrichen. Dadurch wird die Stelle aber sinnlos und glauben
wir einen Sinn erst wieder dadurch hineinzubringen, wenn wir auch die
Worte etsi nos non aliquem streichen, was Enea wol vergessen haben mag.

[3]) Hier ist ohne Zweifel zu ergänzen parte.

[4]) Sehr bezeichnend ist, dass Enea das hinter dominos suos stehende prae-
sertim justos wieder gestrichen hat

4*

52

danenses hoc anno duci Borgundiae rebellantes crudeliter prae-
liati sunt — tamen quia res variae actae sunt, et magni motus
excitati, et res ipsa, tum Caesarem tum regem Hungariae atque
Bohemiae Ladislaum, conteruit, visum est mihi de hac re historiam [1]) texere, quam posteritas nostra legens, aut fragiles et
caducas res mortales intelligat, aut, si poenas erroris dederint
concitatores belli, non impune peccatum cedere discat.

[1]) Bei diesem Worte macht Enea am Rande die Bemerkung et quomodo bellum
ortum et quomodo sedatum sit scribere.

Berichtigungen:

Pag. 19, Anm. 2, Zeile 15 von unten lies zuzuweisen statt zugewiesen.

.. 20, Zeile 27 von unten lies dass statt das.

.. 24, „ 8 „ oben lies dimittuntur; poenae etc. statt dimittuntur
poenae etc.

„ 26, „ 19 .. oben lies possederint statt possiderint.

„ 28, „ 3 „ „ lies Er statt Es.